Jedes Kind kann Regeln lernen

Dipl.-Psych. Annette Kast-Zahn

Jedes Kind kann Regeln lernen

Vom Baby bis zum Schulkind:
Wie Eltern Grenzen setzen
und Verhaltensregeln vermitteln können

Weltbild

Genehmigte Lizenzausgabe für Verlagsgruppe Weltbild GmbH,
Steinerne Furt, 86167 Augsburg

Umschlaggestaltung: Vierthaler und Braun, München
Umschlagmotiv: Mauritius, Mittenwald
Fotos: Privat, Stock Market
Gesamtherstellung: Offizin Andersen Nexö Leipzig GmbH –
ein Unternehmen der Union Verwaltungsgesellschaft,
Spengleralle 26–30, 04442 Zwenkau

Printed in Germany

ISBN 3-8289-1998-7

2006 2005 2004
Die letzte Jahreszahl gibt die aktuelle Lizenzausgabe an.

Ich bedanke mich herzlich bei Dr. Hartmut Morgenroth, der mit seiner fachlichen und wissenschaftlichen Kompetenz die Entstehung dieses Buches begleitet und unterstützt hat. Die im 2. Kapitel erwähnte Untersuchung haben wir zusammen vorbereitet und in seiner Kinderarztpraxis durchgeführt. Konkrete Empfehlungen im Zusammenhang mit dieser Untersuchung beruhen auf seinen wissenschaftlichen Recherchen. Als Kinderarzt sieht und berät er täglich viele Eltern und Kinder mit ihren ganz alltäglichen Problemen. Nur durch die Zusammenarbeit mit ihm war es möglich zu erfahren, welche Probleme die meisten Eltern wirklich interessieren. Es war möglich zu erproben, welche Tips und Techniken den Eltern und Kindern wirklich weiterhelfen.

Annette Kast-Zahn

Vorwort

Das Wartezimmer meiner Kinderarztpraxis ist wegen der Grippe-Epidemie brechend voll. Ich bin erleichtert, daß die Vorsorgeuntersuchung für die vierjährige Nina nicht zu lange gedauert hat. Gerade will ich mich verabschieden, da kommt von der Mutter der Nachsatz: „Ach Herr Doktor, da ist noch etwas. Nina ist unheimlich anstrengend. Sie benimmt sich oft unmöglich. Was soll ich nur machen?"

Früher hätte ich mit einem inneren Seufzer gedacht: „Ausgerechnet jetzt! Sie muß doch gesehen haben, wie die Patienten an der Anmeldung Schlange stehen. Soll ich mir nun noch die Zeit nehmen und ihr etwas von ‚Auszeiten' erzählen? Alle anderen wartenden Eltern und Kinder müssen sich dann noch 10 Minuten länger gedulden. Oder schicke ich sie zur Erziehungsberatungsstelle? Dabei weiß ich doch, daß die Eltern dort ein halbes Jahr auf einen Termin warten müssen."

Wie erleichtert war ich, als mir das Manuskript zu diesem Buch vorgelegt wurde. Jetzt kann ich guten Gewissens sagen: „Lesen Sie zu Ihrem Problem dieses oder jenes Kapitel nach. Das wird Ihnen bestimmt weiterhelfen."

Die praktischen Ratschläge aus diesem Buch habe ich schon oft mit Erfolg weitergegeben.

Dr. med. Hartmut Morgenroth, Kinderarzt

1

„Erziehung ist Beispiel und Liebe – und sonst nichts“...?

In diesem Kapitel erfahren Sie...

- warum Beispiel und Liebe notwendig, aber nicht ausreichend sind
- warum auch engagierte Eltern ihre Kinder oft als „schwierig“ empfinden

Beispiel und Liebe: notwendig, aber nicht ausreichend

Patrick *ist zweieinhalb Jahre alt. Er ist ein aufgeweckter Junge und hat ein Gesicht wie ein pausbäckiger kleiner Engel. Trotzdem ist er der „Schrecken" jeder Spielgruppe. Die anwesenden Mütter werden nervös und werfen ein besonders wachsames Auge auf ihren Sprößling, wenn Patrick näherkommt. Und schon ist es wieder passiert: Der Kleine hat blitzschnell zugeschlagen, und sein ebenso kleines „Opfer" weint herzzerreißend. Manchmal beißt er auch, mitunter so heftig, daß die Spuren noch zwei Wochen später zu sehen sind. Besonders oft reißt Patrick anderen Kindern Spielzeug aus der Hand, wirft damit oder zerstört es. Es kommt natürlich auch vor, daß Patrick ganz friedlich für sich oder mit den anderen Kindern spielt. Er ist dann nicht wiederzuerkennen.*

Und seine Mutter? Patrick ist ein Wunschkind. Sie vergöttert ihn geradezu. Nach zwei schon wesentlich älteren Töchtern hat sie noch ihren ersehnten Sohn bekommen. Sie schenkt ihm Zeit, Zuwendung und Liebe. Kein einziges Mal hat sie andere Kinder in seiner Gegenwart geschlagen oder gebissen. Noch nie hat sie ihm Spielzeug aus der Hand gerissen und es zerstört. Trotzdem tut Patrick all das immer wieder. Warum nur?

„Erziehung ist Beispiel und Liebe – und sonst nichts" – dieses Zitat stammt von Fröbel, dem Begründer der deutschen Kindergartenbewegung vom Anfang des 19. Jahrhunderts. Bei Patrick und seiner Mutter scheint es nicht zuzutreffen.

Trotzdem ist es ein sehr nachdenkenswerter Satz. Nach meiner Überzeugung ist Liebe das Allerwichtigste, was wir unseren Kindern geben können. Das Zweitwichtigste ist, ihnen so oft wie möglich mit gutem Beispiel voranzugehen. Auf diesen beiden Säulen können wir unsere Erziehungsarbeit aufbauen. „Ohne Liebe und Beispiel ist Erziehung nichts" – so würde ich den

Satz formulieren. Ohne diese Grundlage kann kein Elternratgeber helfen – auch dieser nicht.

Es gibt tatsächlich Kinder, die anscheinend ausschließlich die Liebe und das gute Beispiel ihrer Eltern brauchen, um sich zu vernünftigen, verantwortungsbewußten, liebenswerten und glücklichen Persönlichkeiten zu entwickeln. Solche Kinder lernen schon recht früh durch Einsicht, akzeptieren Grenzen, ohne sich jemals aufzulehnen, übernehmen bereitwillig Pflichten – kurz gesagt: Sie machen ihren Eltern wenig Kummer. Ich selbst kenne ganz wenige solcher Kinder, die auf diese Art und Weise erwachsen geworden sind. Für die allermeisten Kinder – meine drei eigenen eingeschlossen – trifft das nicht zu. Liebe und Beispiel sind unbedingt notwendig. Sie reichen aber nicht aus! Zusätzlich brauchen wir Eltern eine Art Handwerkszeug, auf das wir bei Bedarf zurückgreifen können.

Wie können wir unsere Kinder daran hindern, Dinge zu tun, die sie nicht tun sollten? Wie können wir sie andererseits dazu bringen, Dinge zu tun, die sie nicht tun wollen – gemeint sind „lästige" Aufgaben und Pflichten, die wir als Eltern für wichtig und notwendig halten? Was können wir tun, wenn alle guten Worte bisher ohne Wirkung geblieben sind?

„Kinder werden immer schwieriger“...?

Immer häufiger ist in letzter Zeit zu hören und zu lesen: „Die Kinder werden immer schwieriger“ oder: „Die Kinder von heute kann man kaum noch erziehen“ – frei nach dem Motto: „Früher war alles besser“.

Es stimmt: Wir Eltern von heute waren als Kinder anders als unsere Kinder. Aber waren wir bessere Kinder? Unsere Eltern haben vieles anders gemacht als wir heute – aber waren sie bessere Eltern? Wir versuchen doch gerade, deren Fehler nicht zu wiederholen. Wir wollen unsere Kinder ohne Schläge, ohne strenge Bestrafung, ohne Angst und Einschüchterung und ohne verklemmte Sexualität erziehen. Und die meisten von uns schaffen das auch. Gehorsam aus Angst vor Strafe – das war vor 30 Jahren noch allgemein akzeptiert. Und heute? Wir gewähren unseren Kindern heute mehr Recht auf Entfaltung der eigenen kleinen Persönlichkeit, mehr Förderung ihrer Fähigkeiten, mehr materiellen Wohlstand, mehr Anregungen, als wir selbst als Kinder erfahren haben.

Wer von uns hatte als Kind ein eigenes Zimmer? Wer durfte zwischen mehreren Sportarten oder Musikinstrumenten auswählen? Wer konnte eine freie, unverkrampfte Sexualerziehung genießen? Wer von uns hat gelernt, Erwachsenen unbefangen gegenüberzutreten und ihnen unbequeme Fragen zu stellen?

Meiner Überzeugung nach können wir Eltern heute auf viele Fortschritte stolz sein. Und wir können auf unsere Kinder stolz sein. Sie haben es gut – und sie sind bestimmt nicht schlechter als die Kinder irgendeiner früheren Generation. Zu allen Zeiten haben Eltern mit ihren Kindern Probleme gehabt. Viele Erwachsene, die heute ärztliche oder psychotherapeutische Hilfe brauchen, leiden jetzt noch unter den Folgen einer Erziehung, die sich damals weitgehend hinter verschlossenen Türen und unter Ausschluß der Öffentlichkeit abgespielt hat.

Erziehung ist öffentlicher geworden. Viele Eltern sind selbstkritischer geworden. Sie haben keine Scheu mehr, dem Kinderarzt oder Psychologen ihre Probleme zu schildern. Sie wollen gut informiert und ihren Aufgaben gut gewachsen sein. Deshalb besuchen sie Vorträge und lesen Bücher über Kindererziehung. Sie treffen sich mit anderen Eltern in Spielgruppen und tauschen Erfahrungen aus.

Viele gut ausgebildete Mütter unterbrechen ihre berufliche Laufbahn, um sich jahrelang ganz der Kindererziehung zu widmen. Sie nehmen in Kauf, daß der Wiedereinstieg später sehr schwierig oder unmöglich sein kann. Berufstätige Mütter müssen Haushalt, Kinderbetreuung und Job unter einen Hut bringen und stellen mit der Bewältigung dieser Aufgaben manchen Top-Manager in den Schatten. Noch nie hat es so viele alleinerziehende Mütter gegeben, die – oft unter schwierigen finanziellen Bedingungen – Erstaunliches leisten.

Soviel Engagement – und trotzdem so viele Probleme? Wahrgenommen wird oft nur, was **nicht** klappt. Hier haben dann angeblich die Eltern versagt. Besonders groß ist die Enttäuschung bei jungen Müttern, die ihren Beruf aufgegeben haben und sich ganz dem Haushalt und den Kindern widmen. „Du hast doch den ganzen Tag nichts anderes zu tun – und dann kriegst du noch nicht einmal die Kinder in den Griff!“ Mit Vorwürfen dieser Art müssen sich viele Frauen auseinandersetzen. Nicht selten kommen sie – ausgesprochen oder unausgesprochen – vom eigenen Ehemann. Viele Mütter stellen sich aber selbst unter Erfolgsdruck: „Ich muß unbedingt alles richtig machen!“

Sie geraten dann leicht in eine merkwürdige Situation: Bei sich selbst und ihrem Kind oder ihren Kindern ärgern sie sich über viele Fehler und Probleme. Sie achten aber nicht auf Dinge, die gut klappen oder einfach normal ablaufen. Die eigene Unsicherheit wirkt sich auf den Umgang mit den Kindern aus. Die Angst, etwas falsch machen zu können, zeigt Wirkung: Wenn Eltern nicht recht wissen, was sie wollen, und vor entschiedenem, konsequentem Handeln zurückschrecken, haben plötzlich die Kinder „das Heft in der Hand“. Egal, ob sie sechs Monate, drei oder zehn Jahre alt sind: Kinder spüren die Unsicherheit ihrer Eltern. Sie spüren, wie gut es funktionieren kann, nach Belieben den eigenen Willen durchzusetzen.

Wenn Eltern nicht mehr bewußt und zielgerichtet handeln, sondern nur noch auf ihr Kind reagieren mit dem einzigen Gedanken im Hinterkopf: „Hoffentlich hört es gleich auf zu schreien“ oder „Hauptsache, es gibt nicht wieder Theater“, kann ein verhängnisvoller Kreislauf in Gang kommen. Das Kind wird immer fordernder, die Eltern immer nachgiebiger. Nicht Mutter oder Vater, sondern das Kind bestimmt den Tagesablauf. Das führt aber keineswegs zu mehr Ruhe und Harmonie, sondern verursacht auf Dauer immer neue Konflikte.

Manchmal haben die Eltern ihrem Kind nur auf einem Gebiet das Feld überlassen. Machtkämpfe beim Zubettgehen sind ein klassisches Beispiel dafür. In vielen Fällen gibt es jedoch Stress und „Theater“ um jede Kleinigkeit – sei es beim Anziehen, beim Essen, beim Aufräumen, beim Umgang mit den Geschwistern. „Mein Kind macht, was es will“ oder „Ich kann tun, was ich will, er hört einfach nicht“ – das sind sehr häufige Klagen, die wir in der Praxis von gestressten Eltern hören. Manchmal entwickeln sich aus diesen Alltagsproblemen Verhaltensauffälligkeiten, die auch im Kindergarten und in der Schule zu Schwierigkeiten führen.

Den betroffenen Eltern ist es nicht gleichgültig, wie ihre Kinder sich entwickeln. Sie wissen, daß ihre Kinder Grenzen brauchen und nicht „von selbst“ groß werden. Sie sind engagiert und liebevoll – aber manchmal einfach mit ihrem Latein am Ende: „Ich versuche doch wirklich mein Bestes – was kann ich denn noch tun?“

Haben Sie sich wiedererkannt? Genau an Sie wenden wir uns mit diesem Buch.

„Schwierige Kinder“: Fallbeispiele von Kindern zwischen acht Monaten und acht Jahren

- „Wie konnte es zu diesem Problem kommen?“
- „Was würde ich als Mutter oder Vater als nächstes tun?“

Jede der folgenden Geschichten wirft diese zwei Fragen auf. Wenn Sie Lust haben, können Sie beide beim Lesen für sich selbst beantworten:

Paul *war 8 Monate alt, als seine Eltern zur Beratung kamen. „Er ist ein schreckliches Kind,“ seufzte die Mutter. „Er macht uns einfach fertig. Dabei hatten wir uns so auf ihn gefreut! Vom ersten Tag an hat er stundenlang gebrüllt. Wir haben ihn nur herumgetragen. Nachts hat er zum Glück einigermaßen geschlafen. Wir dachten an Drei-Monats-Koliken. Aber nach drei Monaten wurde es nicht besser. Im Gegenteil: Paul schrie und weinte eher noch mehr. Er wurde sogar eine Woche lang im Krankenhaus durchgecheckt, aber man hat nichts gefunden. Paul will immer mehr. Er weint jetzt auch auf dem Arm. Alle paar Minuten will er eine ganz neue Beschäftigung. Wenn ich spülen will, räume ich für ihn nach und nach die halbe Küche aus, und selbst kriege ich in einer Viertelstunde kaum mehr als eine Tasse sauber. Sogar zur Toilette muß ich ihn mitnehmen. Er beschäftigt sich nicht eine Minute allein. Was soll ich nur tun?“*

Olivers *Mutter weinte am Telefon, als sie um einen Termin bat. Sie war mit ihrem Zweijährigen gerade aus der Spielgruppe „geflogen“. Die Leiterin war der Meinung gewesen, Oliver sei zu aggressiv und für die Gruppe nicht tragbar. „Ich habe manchmal Angst vor ihm“, sagte sie. „Er ist richtig böse. Er beißt und tritt mich. Einmal hat er mit dem Kassettenrecorder nach mir geworfen. Sobald ihm was nicht paßt, brüllt er wie am Spieß. Ich halte es nicht mehr aus.“*

Carola *ist dreieinhalb. Sie weigert sich zu essen und wird deshalb grundsätzlich gefüttert. Sie kann sich nach Belieben übergeben und macht recht häufig davon Gebrauch. Oft kaut sie eine halbe Stunde an ihrem Frühstück herum, ohne etwas herunterzuschlucken. Ein großer Teil des Tages ist bestimmt von Auseinandersetzungen und Diskussionen um das Thema „Essen“.*

Miriam*, gerade 6 Jahre alt, hat vor kurzem ein Brüderchen bekommen. Anstrengend war sie schon immer, aber jetzt findet ihre Mutter sie „einfach unerträglich“. „Jeden Morgen trödelt sie. Sie zieht sich nicht an und läßt sich ewig Zeit beim Frühstücken. Zwei- bis dreimal pro Woche geht sie nicht in den Kindergarten, weil wir einfach nicht rechtzeitig fertig werden. Sie weigert sich grundsätzlich, etwas aufzuräumen. Es endet nach langen Auseinandersetzungen meist damit, daß ich es tun muß. Sie läßt ihr Brüderchen einfach nicht in Ruhe. Sogar wenn er bei mir auf dem Arm ist, zerrt sie an ihm, bis ich ihr den Kleinen gebe. Außerdem gibt es jeden Abend zwei Stunden Kampf, bis sie endlich im Bett ist.“*

Vicky *ist 8 Jahre alt, ein eher schüchternes, zurückhaltendes Mädchen. Seit zwei Wochen will sie nicht mehr zur Schule gehen. Jeden Morgen läuft sie bis zu zehnmal zur Toilette, bevor sie das Haus verläßt. Jeden Morgen klagt sie über Bauchschmerzen und versucht ihre Mutter dazu zu bringen, daß sie zu Hause bleiben darf. Dreimal ist es ihr schon gelungen.*

Antworten auf diese Fragen finden Sie im weiteren Verlauf des Buches.

Kapitel 1: Das Wichtigste in Kürze

- **Ohne Beispiel und Liebe ist Erziehung nicht möglich**
  Aber wenn Beispiel, Liebe und gute Worte nicht ausreichen, brauchen Eltern Handwerkszeug, auf das sie zurückgreifen können.

- **Unsere Kinder sind nicht „schwieriger“**
  Aber viele Eltern sind selbstkritischer und unsicherer als früher. Sie wissen, daß ihre Kinder Grenzen brauchen. Sie wüßten gern genauer, wie sie wirksam sinnvolle Grenzen setzen können.

- **Unsere Kinder fordern uns heraus**
  Fallbeispiele von „schwierigen“ Kindern zwischen acht Monaten und acht Jahren zeigen, mit welchen schwierigen Anforderungen Eltern zurechtkommen müssen.

2

Welche Regeln soll mein Kind lernen?

In diesem Kapitel erfahren Sie...

- welche Regeln Kinder in welchem Alter lernen können
- wie Eltern Regeln für ihre Kinder auswählen
- welche Probleme zwischen Eltern und Kind besonders oft vorkommen

Welche Regeln in welchem Alter?

Für die betroffenen Eltern sind es „Problemkinder“: das Baby, das stundenlang brüllt, das Kleinkind, das beißt und haut, die „schlechte Esserin“, das „unerträgliche“ Kindergartenkind, das Schulkind mit den Bauchschmerzen. Alle Eltern sind sich in einem Punkt einig: „So hatten wir uns das nicht vorgestellt!“

Haben Sie sich schon mal Gedanken darüber gemacht, wie Sie sich die Entwicklung Ihres Kindes eigentlich vorstellen? Die Wunschvorstellungen der Eltern und die Regeln, die ihr Kind tatsächlich lernt, klaffen manchmal weit auseinander. Das gilt für jedes Alter – vom Baby bis zum Schulkind.

Babyalter: Das erste Lebensjahr

„Mein Baby sollte bildhübsch und immer gutgelaunt sein. Wenn es nicht gerade schläft – und das tun Babys ja fast den ganzen Tag und nachts sowieso – kann es sich allein beschäftigen. Es lacht viel, ißt und trinkt gut und ist immer gesund. Laufen, sprechen und alles andere lernt es ein bißchen schneller als die anderen in seinem Alter. Da es sich überall schnell anpaßt, kann ich es auch überallhin mitnehmen. Es bleibt ohne Probleme auch mal bei der Oma oder beim Babysitter. Mein Baby ist sehr verschmust. Es kuschelt sehr gern mit mir und genießt die körperliche Nähe.“

Wer von uns hat nicht insgeheim von so einem Bilderbuchbaby geträumt? Die Werbeindustrie setzt unsere Träume in Hochglanzzeitschriften und in der Fernsehwerbung geschickt in Bilder um. Wir sehen, was wir uns wünschen, und denken: „Ja, genau so sollte es doch sein!“

In Wahrheit können sich die Eltern, bei denen alles so verläuft wie erträumt, wirklich glücklich schätzen. Die problemlosen Bilderbuchbabys mit den glücklichen Eltern sind zwar „normal“, und wir lernen bei den Vorsorgeuntersuchungen eine ganze Reihe davon kennen. Aber „normal“ ist auch das Baby, das wenig schläft, sich nicht allein beschäftigen kann, wenig lacht und viel weint, schlecht trinkt und häufig krank ist, vielleicht unter Allergien oder einer chronischen Krankheit leidet, später laufen und sprechen lernt als die anderen, nicht gerne kuschelt und äußerst ungehalten auf Ortswechsel reagiert. Auch diese Kinder lernen wir bei den Vorsorgeuntersuchungen kennen, und zwar keineswegs selten. Am häufigsten lernen wir Kinder kennen, die sich irgendwo zwischen beiden Extremen bewegen.

Es ist Ihr gutes Recht, während der Schwangerschaft und in den ersten Wochen von einem perfekten Baby wie oben beschrieben zu träumen. Klüger ist es, sich zunächst einmal überraschen zu lassen. Sonst kann es Ihnen ergehen wie der jungen Mutter, die mir die folgende Geschichte erzählte:

> *„Ich war während der Schwangerschaft voller Vorfreude auf mein Baby. Ich rechnete fest mit einem Jungen. Ich malte mir alles wunderbar aus. Aber es kam alles anders. Ich bekam ein Mädchen. Die Kleine war äußerst anstrengend. Sie weinte viel und war meistens unzufrieden. Den ganzen Tag beanspruchte sie meine Aufmerksamkeit. Schon nach wenigen Wochen lagen meine Nerven blank. Das Ganze erinnerte mich an ein Kindheitserlebnis. Ich hatte mir einmal zu Weihnachten so sehr eine Eisenbahn gewünscht – und ein Puppenhaus bekommen. Damit hatte ich überhaupt nicht gerechnet. Die Enttäuschung war grenzenlos.“*

Schon im Augenblick der Befruchtung stehen viele Dinge fest, die Sie nicht beeinflussen können: nicht nur Geschlecht, Körpergröße und Körperbau und Aussehen, sondern eben auch die Veranlagung zu bestimmten Erkrankungen, zum Schlafbedürfnis, zum Appetit, zum Temperament, zur Lernfähigkeit. Natürlich treffen die vererbten Anlagen immer auf mehr oder weniger günstige Umweltbedingungen, die die Entwicklung des Kindes stark mitbeeinflussen. Aber ob Ihr Baby anfangs viel oder wenig weint, gut oder schlecht trinkt, viel oder wenig schläft, meistens krank oder meistens gesund ist, das entzieht sich weitgehend Ihrem Einfluß.

Deshalb darf die Frage auch nicht lauten: Welche Regeln soll ein Kind im ersten Lebensjahr lernen? – sondern sie muß lauten: Welche Regeln soll **mein Kind** lernen? Zunächst einmal kommt es darauf an, Ihr Kind so, wie es nun einmal auf die Welt gekommen ist, anzunehmen, auch wenn es „schwierig" oder chronisch krank oder behindert ist. Erziehungsziele für jedes Entwicklungsalter zu überlegen, die **genau für Ihr Kind** erreichbar und sinnvoll sind – diese sehr schwierige und wichtige Aufgabe kann Ihnen niemand abnehmen. Auch wir können aus diesem Grund keine Antworten geben, sondern eher zum Nachdenken anregen.

Vielleicht erstaunt es Sie, daß Kinder schon im Babyalter Regeln lernen. Statt von Regeln könnte man zutreffender von Zusammenhängen reden. Bedenken Sie: Ein neugeborenes Baby hat keine Ahnung, was richtig oder falsch, erwünscht oder unerwünscht ist. Aber ein Baby ist bereits in der Lage, sich die Reaktionen der Eltern auf sein Handeln zu merken. Es kann daraus Schlußfolgerungen ziehen und sein eigenes Verhalten darauf abstimmen. Seine Mittel sind noch begrenzt, aber trotzdem äußerst wirksam: Ein strahlendes Lächeln läßt bei uns Eltern jeden Ärger dahinschmelzen. Lautes, heftiges Weinen löst bei uns ebenfalls heftige Gefühle aus: Sie können schwanken zwischen Sorgen, Mitleid, Wut und Hilflosigkeit. Fast immer entsteht das dringende Bedürfnis, das Weinen so schnell wie möglich zu beenden.

Wir haben – aus der Sicht des Kindes – eine Reihe von „Regeln" zusammengestellt, die sein Weltbild im ersten Lebensjahr, besonders vom 6. Lebensmonat an, bestimmen können. Es ist eine willkürliche Auswahl, ohne Anspruch auf Vollständigkeit. Urteilen Sie selbst!

- Ich muß nur lange genug schreien, damit sich jemand mit mir beschäftigt.
- Zum Einschlafen gehört dazu, daß ich herumgetragen werde.
- Ich darf alles. Meine Eltern können mir sowieso nicht böse sein.

- Ich bestimme, wann ich esse und wann ich schlafe.
- Wenn ich Löffel oder Fläschchen hartnäckig verweigere, bekomme ich letztendlich doch jedesmal die Brust.
- Wenn ich im Kinderwagen schreie, lande ich nach spätestens zehn Minuten auf dem Arm.
- Ich beruhige mich nur, wenn meine Eltern mich auf den großen Gymnastikball legen.

Im Gegensatz dazu stehen die folgenden Regeln:

- Ich muß immer mein Fläschchen austrinken.
- Ich muß den ganzen Tag auf der Spieldecke, im Kinderwagen oder im Laufstall verbringen.
- Nach den Mahlzeiten werde ich „weggelegt", ob ich müde bin oder nicht.

Finden Sie die meisten oder alle dieser „Regeln" weniger erstrebenswert? Vielleicht sagen Ihnen die nun folgenden eher zu:

- Ich bekomme zu regelmäßigen Zeiten etwas zu essen.
- Meine Mami bestimmt, zu welchen Zeiten und wie lange ich gestillt werde.
- Meine Eltern haben viel Zeit für mich. Aber manchmal muß ich mich auch allein beschäftigen.
- In unserer Wohnung darf ich fast alles erforschen. Aber mit einigen Dingen darf ich auf keinen Fall spielen.
- Wenn ich friedlich bin, spielt Mami besonders gern und ausgiebig mit mir.
- Wenn ich viel schreie, bekomme ich weniger Aufmerksamkeit.
- Meine Eltern sind auch nur Menschen. Manchmal sind sie genervt und sauer auf mich. Aber mindestens einmal am Tag zeigen sie mir, daß sie mich richtig lieb haben.

Wie können so kleine Kinder solche Regeln lernen? An dieser Stelle nur soviel dazu: Indem sie sie tagtäglich erfahren – von Ihnen!

Kleinkindalter: Das zweite und dritte Lebensjahr

Der erste Geburtstag Ihres Kindes liegt hinter Ihnen. Was erhoffen Sie sich von den kommenden beiden Jahren?

> *„Mit einem Jahr kann es laufen, es fängt an zu sprechen. Mit drei Jahren spricht es perfekt. Natürlich schläft es durch. Die Umstellung vom Stillen auf feste Nahrung hat schon vorher problemlos geklappt. Es spielt gern mit anderen Kindern, gibt gern seine Spielsachen ab, kann sich bei Bedarf aber auch durchsetzen. In der Spielgruppe macht es immer begeistert mit. Zu seinem kleinen Geschwisterchen ist es besonders lieb. Es hört immer, läuft nie weg, kann sich leicht von mir trennen, geht nur an erlaubte Dinge heran, hat immer gute Laune und ist immer gesund. Mit zwei Jahren ist es trocken. Natürlich kann es alleine essen. Am liebsten ißt es gesunde Sachen wie Gemüse und Obst. Sehr gern spielt es in seinem Zimmer. Mit seinen Spielsachen kann es sich stundenlang allein beschäftigen. Auch auf dem Spielplatz tollt es mit Begeisterung herum. Es ist mutig, aber tut nie etwas Gefährliches. Dabei sieht es immer sauber und adrett aus."*

Kennen Sie solche Kinder? Ich kenne jedenfalls Mütter, die sich sagen: „So muß es sein. Wenn das alles nicht so klappt, habe ich versagt." Die Realität sieht meist anders aus: Auch das Kind, das später laufen und sprechen lernt, mit 3 Jahren noch nicht trocken ist, die gesunden Dinge gerade nicht mag, in der Spielgruppe hartnäckig nicht mitmacht und das neugeborene Geschwisterkind am liebsten wieder ins Krankenhaus zurückbringen möchte, ist völlig normal.

In dieser spannenden Entwicklungsphase erweitert jedes Kind in seinem eigenen Tempo seinen Horizont. Es lernt laufen – und gleichzeitig auch weglaufen. Es lernt sprechen – dazu gehört auch das Wort „nein“. Es kann Türme bauen und umwerfen. Es lernt, mit anderen Kindern Kontakt aufzunehmen – wenn nicht mit Worten, dann vielleicht mit Streicheln, oder aber mit Hauen und Beißen. Es kann allein essen – und es kann gezielt mit dem Essen werfen. Es kann seine Mami liebevoll umarmen – es kann sie auch treten. Kein Kind kann in diesem Alter begreifen, was gut und was böse ist. Aber es kann sich die immer wiederkehrenden Reaktionen seiner Eltern merken und daraus Schlüsse ziehen. Mögliche Regeln für ein Kind im zweiten und dritten Lebensjahr:

- Wenn ich einem anderen Kind etwas aus der Hand reiße, darf ich es behalten.
- Wenn ich das Mittagessen nicht anrühre, bekomme ich statt dessen Schokoladenpudding.
- Wenn ich mich auf den Boden werfe und schreie, bekomme ich sofort meinen Willen.
- Wenn ich nicht auf die Toilette gehe, bekomme ich eine Windel.

Viele Kinder lernen auch:

- Wenn ich einem anderen Kind etwas aus der Hand reiße oder mein Mittagessen nicht anrühre oder mich auf den Boden werfe oder nicht auf die Toilette gehe, werde ich ausgeschimpft und bekomme einen Klaps auf den Po.

Kompliziert wird es für die Kinder, die sich abwechselnd mit diesen beiden Arten von Regeln auseinandersetzen müssen.

Oder sie lernen:

- Wenn ich einem anderen Kind etwas aus der Hand reiße, nimmt Mama es mir weg und gibt es ihm zurück.
- Wenn ich mein Mittagessen nicht anrühre, muß ich bis zur nächsten Mahlzeit warten.
- Wenn ich mich auf den Boden werfe und schreie, geht Mami sofort aus dem Zimmer.
- Ich bekomme jetzt keine Windel mehr, auch wenn „das Geschäft“ noch oft in die Hose geht.

Wenn Sie mit Ihrem Kind eine Krabbelgruppe besuchen, gibt es dort vielleicht auch Regeln. Zum Beispiel:

- Bei Spielangeboten müssen nur die Mütter mitmachen. Ich darf es mir aussuchen, ob ich mitmachen will.
- Beim gemeinsamen Frühstück setzen sich alle an den Tisch. Ich brauche nur sitzen zu bleiben, solange ich esse. Ich darf aber nicht mit Essen in der Hand herumlaufen.

Es liegt an Ihnen, ob Ihr Kind diese Regeln lernt, oder ob es statt dessen lernt: „Die anderen sind so dumm und halten sich daran! Ich dagegen kann machen, was ich will.“

Kindergartenalter: Das vierte bis sechste Lebensjahr

Ihr Kind hat nun einen Anspruch auf einen Kindergartenplatz. Es beginnt ein neuer Lebensabschnitt. Mit welchen Phantasien und Wünschen begleiten Sie Ihr Kind?

„Mein Kind spricht jetzt perfekt. Essen und Anziehen bewältigt es selbständig. Vom ersten Tag an geht es mit Begeisterung in den Kindergarten, freut sich aber auch, wenn es wieder abgeholt wird. Mit Freude nimmt es alle Förderangebote des Kindergartens an: malen, basteln, musizieren, kochen – alles macht ihm großen Spaß. Schnell findet es Freunde, mit denen es sich oft und völlig selbständig verabredet. Fürs Fernsehen interessiert es sich nicht besonders, dafür schaut es gerne Bilderbücher, baut kreativ in seinem Zimmer oder puzzelt. Anschließend räumt es freiwillig sein Zimmer auf. Mit 4 Jahren kann es schwimmen und allein radfahren. Es kann seinen Namen lesen und schreiben. Spätestens mit 5 Jahren zeigt es mindestens ein besonderes Talent (z.B. Ballett oder Tennis oder Klavierspielen), das von nun an gezielt gefördert werden kann. Weinen und Quengeln kommen fast nicht mehr vor. Aufforderungen der Eltern und der Erzieher befolgt es ohne Widerrede. Dabei ist es immer fröhlich und ausgeglichen.“

Haben Sie Ihr Kind wiedererkannt? Herzlichen Glückwunsch! Oder trifft für Ihr Kind bei jedem Satz genau das Gegenteil zu? Spricht Ihr Kind mit drei Jahren noch undeutlich, müssen Sie ihm beim Essen und Anziehen noch helfen? Mag es nicht in den Kindergarten gehen? Hat es überhaupt Angst, sich von Ihnen zu trennen? Meidet es alle noch so attraktiven Angebote, weil es viel lieber einfach draußen herumtobt? Ist es nur mit Mühe vom Fernseher wegzubewegen? Kommt es Ihnen motorisch irgendwie ungeschickt vor, weigert es sich, ins Wasser zu gehen oder sich auf ein Fahrrad zu setzen? Findet es „gutes“ Spielzeug stinklangweilig, bevorzugt dafür aber gewisse bunte

Plastikfiguren, die Ihnen überhaupt nicht gefallen? Weint es in jeder Turn- oder sonstigen Gruppe? Weint es überhaupt oft, und antwortet es gleichzeitig regelmäßig mit „Nein“ auf Ihre Aufforderungen?

Wenn all dies für Ihr Kind eher zutrifft: Vielleicht hatten Sie sich alles etwas anders vorgestellt. **Aber auch Ihr Kind ist völlig normal.** Erst einmal müssen Sie es so annehmen, wie es ist. Trotzdem sind Sie nicht ohne Einfluß. Denn die Regeln, die Ihr Kind lernt, lernt es immer noch weitgehend von Ihnen.

Welche Regeln erkennen Sie wieder?

- Wenn ich mich morgens nicht anziehe, zieht Mama mich an.
- Wenn ich morgens extrem lange trödele oder „Theater“ mache, brauche ich nicht in den Kindergarten zu gehen.
- Wenn ich mich weigere aufzuräumen, macht es Mama.

Oder, manchmal abwechselnd mit den bisher genannten Regeln:

- Wenn ich mich nicht anziehe oder trödele oder nicht aufräume, werde ich angeschrien oder bekomme einen Klaps auf den Po.
- Wenn ich mich nicht anziehe oder trödele oder nicht aufräume, erklärt mir Mami sehr ausführlich, warum ich es eigentlich doch tun sollte.

Weitere Möglichkeiten:

- Auch wenn ich mich nicht fertig angezogen habe: Mami bringt mich trotzdem pünktlich in den Kindergarten.
- Wenn ich meiner Mama sehr auf die Nerven falle, geht sie raus.
- Meine Spielsachen muß ich selbst aufräumen.

Im Kindergarten lernt Ihr Kind nun zusätzlich noch weitere Regeln. Die könnten z.B. so lauten:

- Im Stuhlkreis bleiben alle Kinder sitzen.
- Nach dem Frühstück räume ich meinen Teller selbst ab und spüle ihn.
- Nach dem Freispiel ertönt die „Aufräumglocke“. Alle Kinder räumen auf. Erst danach gehen wir nach draußen.

Diese Regeln lernt ein Kind natürlich nur, wenn ihre Einhaltung im Kindergarten auch tatsächlich durchgesetzt wird. Andernfalls lernt es: „Die Kindergartenregeln gelten nur für die anderen Dummköpfe – aber nicht für mich.“

Grundschulalter: Vom siebten Lebensjahr an

Wie stellen Sie sich Ihr „perfektes“ Schulkind vor?

Natürlich kann es den ersten Schultag kaum erwarten. Es ist lernbegierig, hochmotiviert, keineswegs überfordert. Das Lernen fällt ihm leicht, die Hausaufgaben macht es völlig selbständig in kürzester Zeit, um sich dann in seiner Freizeit ausschließlich kreativ oder sportlich zu betätigen... und so weiter.

Noch einmal: Von so einem Kind können Sie träumen. Sie können es aber nicht nach Bedarf so formen oder „erziehen“. Nicht jedes Kind lernt mühelos lesen. Für manches bedeutet das eine enorme Anstrengung – und wenn es schließlich klappt, ist es eine enorme Leistung. Ähnlich ist es z.B. mit dem Schwimmenlernen oder dem Stillsitzen. Wenn Ihre Ansprüche von den Fähigkeiten Ihres Kindes zu stark abweichen, ist der Stress für Eltern und Kind schon vorprogrammiert.

Vielleicht denken Sie aber auch über ganz andere Dinge nach: Moralische Werte wie Ehrlichkeit, Mut, Treue, Bescheidenheit, Freundlichkeit, Gerechtigkeit, Höflichkeit – um nur einige zu nennen – sind Ihnen wichtig. Sie möchten sie Ihrem Kind nun, im Schulalter, gern näher bringen. Fällt Ihnen auf, wie sehr es aus der Mode gekommen ist, in der Kindererziehung über solche Ziele auch nur zu reden? Erfolg haben, weiterkommen, sich durchsetzen, jedes Schlupfloch im Gesetzestext zum eigenen Vorteil ausnutzen – solche „Werte" sind im Moment eher gefragt.

In englischer Sprache ist ein Buch von dem amerikanischen Ehepaar Linda und Richard Eyre erschienen mit dem Titel (übersetzt): *Wie Sie Ihren Kindern Werte vermitteln können*[1]. Die beiden können wirklich aus reicher Erfahrung schöpfen, denn sie haben zusammen neun Kinder – vom Kleinkind bis zum Erwachsenen. Sie nennen insgesamt 12 Werte. Neben den bereits genannten gehören u.a. noch Friedfertigkeit, Sensibilität, Respekt und Liebe dazu. Die beiden empfehlen Eltern, sich jeden Monat ganz gezielt einen Wert „vorzuknöpfen" und mit ihren Kindern einzuüben. Dazu geben sie konkrete Tips, welche Rollenspiele oder auch Gesellschaftsspiele dabei hilfreich sein können. Es spricht viel Liebe zu Kindern und natürlich viel Erfahrung aus ihren Empfehlungen. Ich würde mir wünschen, daß sich viele Eltern über solche Werte Gedanken machen und sie ihren Kindern vorleben. Ihr Beispiel ist hier ganz besonders gefragt. Aber daß man solche moralischen Werte durch eine Art Lernprogramm einüben kann – das halte ich für zweifelhaft.

In diesem Buch will ich praktische Anregungen und Vorschläge anbieten. Ich werde Regeln wählen, die mit konkretem Verhalten zu tun haben.

Wieder folgt eine Auswahl mit der Frage an Sie: Welche Regeln finden Sie sinnvoll?

- Wenn ich morgens lange genug trödele, bringt mich Papa mit dem Auto zur Schule.
- Wenn ich mich bei den Hausaufgaben dumm genug anstelle, bleibt

Mami jeden Tag bis zu 2 Stunden neben mir sitzen und beschäftigt sich mit mir.
- Wenn ich zu Hause nicht fernsehen darf, quengele ich so lange, bis Mama es mir dann doch erlaubt.

Andere Kinder lernen andere Regeln:

- Wenn ich morgens trödele, bekomme ich abends Fernsehverbot.
- Wenn in meinen Hausaufgaben ein Fehler ist, muß ich alles neu schreiben.
- Wenn meine Mutter mich beim Fernsehen erwischt, werde ich angeschrien und bekomme Hausarrest.

Oder – im Gegensatz dazu:

- Wenn ich morgens trödele, komme ich zu spät zur Schule.
- Meine Mama bietet mir bei den Hausaufgaben Hilfe an. Wenn ich anfange, Theater zu machen, geht sie raus.
- Wenn ich eine bestimmte Fernsehsendung nicht sehen darf, bleibt der Fernseher ausgeschaltet.

Das Umfeld des Kindes ist mittlerweile von sehr vielen ausgesprochenen oder unausgesprochenen Regeln geprägt. Einige Beispiele:

- In der Schule erscheine ich pünktlich.
- Ich mache regelmäßig meine Hausaufgaben.
- In der Klasse bleibe ich auf meinem Platz sitzen.
- Ich melde mich, wenn ich etwas sagen möchte.

Manche Kinder haben gute Gründe dafür, sich diesen Regeln zu widersetzen. Sie bekommen jedoch zunehmend Schwierigkeiten und geraten in eine Außenseiterposition.

Vom Kindergartenalter an gilt: Für unsere Kinder werden Regeln von außen immer wichtiger. Der Einfluß von uns Eltern nimmt ab. Wir sind auf die Zusammenarbeit mit anderen Gruppen angewiesen.

Welche Regeln wählen wir?

Haben Sie die Art von Regeln wiedererkannt, die Sie Ihrem Kind vermitteln? Fühlen Sie sich sicher damit, oder haben Sie manchmal so Ihre Zweifel?

Wovon lassen wir uns leiten?

Niemand kann genau wissen, was richtig ist. Einige Eltern übernehmen aus der Erinnerung heraus von den eigenen Eltern Regeln, mit denen sie selbst gute Erfahrungen gemacht haben. Andere sagen sich: „Bloß nicht so streng sein wie mein Vater“ oder „Bloß nicht so pingelig sein wie meine Mutter“ – und probieren das Gegenteil. Wieder andere wiederholen genau die Verhaltensweisen ihrer Eltern, die ihnen in ihrer Kindheit das Leben schwer gemacht haben: Geprügelte Söhne werden nicht selten zu prügelnden Vätern.

Es kann nur von Vorteil sein, sich über die eigene Kindheit Gedanken zu machen und gleichzeitig zu überlegen: Welche Folgen haben meine früheren Erfahrungen für den Umgang mit meinem Kind? Handele ich bewußt und zielgerichtet, oder bin ich eher Opfer meiner eigenen Vergangenheit? Manchmal ist es schwer, aus dem Schatten der eigenen Vergangenheit herauszutreten. Gespräche mit dem Partner oder mit guten Freunden können dabei helfen. In extremen Fällen ist es ratsam, professionelle Hilfe in Anspruch zu nehmen.

Eine weitere Möglichkeit ist, sich Vorbilder zu suchen – Eltern, die offensichtlich gut und ohne Machtkämpfe mit ihren Kindern zurechtkommen. Die Frage „Wie machen Sie das eigentlich?“ ist leicht gestellt und wird immer bereitwillig beantwortet. Ich selbst habe schon oft von den Antworten anderer Eltern gelernt und profitiert.

Wer versucht, aus Fachbüchern und Elternratgebern „den richtigen Weg“ zu erfahren, stellt fest: Es gibt viele Experten und viele Meinungen. Aber nur weniges hat Bestand. Dazu gehört ohne Zweifel der „Klassiker“ unter den Erziehungsbüchern *Kinder fordern uns heraus* von Rudolf Dreikurs und Vicky Soltz[2], der vor über 30 Jahren zum ersten Mal erschienen ist und seitdem nichts an Aktualität verloren hat.

Weniger sinnvoll ist es, sich beim Festsetzen von Regeln und Grenzen von spontanen Gefühlen leiten zu lassen. Auf Regeln und Grenzen muß sich ein Kind auf Dauer verlassen können. Gefühle dagegen sind starken Schwankungen unterworfen.

Unrealistische Ziele wie „Mein Kind muß alles früher und besser können als die anderen“ sind ebenfalls weniger sinnvoll. Die geistige und körperliche Entwicklung Ihres Kindes können Sie zwar behutsam fördern. „Regeln“ können Sie sie nicht. Statt „Förderung“ passiert dann leicht „Überforderung“. Jedes Kind kann aber Zusammenhänge zwischen Ihrem Verhalten und seinem eigenen herstellen und daraus lernen – in jeder Altersstufe, ob es nun geistig behindert oder ganz besonders intelligent ist.

Sicher ist: Sie kommen nicht darum herum, bestimmte Regeln und Grenzen festzulegen. Je kleiner Ihr Kind ist, desto weniger kann es wissen, was auf Dauer gut für es ist. Das müssen Sie entscheiden und verantworten. Wie wichtig die Sicherheit der Eltern ist, zeigt die folgende Geschichte:

***Thomas** und **Kerstin** sind mittlerweile 12 und 10 Jahre alt. Sie verstehen sich gut. Konkurrenzkämpfe und Streitigkeiten – sonst unter Geschwistern sehr weit verbreitet – kommen bei den beiden selten vor. Auch in ihrem sonstigen Verhalten fallen sie angenehm auf: Aufgaben übernehmen sie freiwillig und gern, sie sind freundlich und kooperativ. Beide sind trotzdem nicht ängstlich und angepaßt, sondern fröhlich und voller Ideen. „Es läuft wie von selbst“, erzählte mir die beneidenswerte Mutter. Daraufhin stellte ich ihr die Frage, die ich Ihnen weiter oben bereits empfohlen habe: „Wie hast du das bloß gemacht?“*

Es stellte sich heraus, daß Thomas und Kerstin als Kleinkinder einiges durchmachen mußten. Besonders Thomas litt während seiner ersten sechs Lebensjahre unter extrem schlimmer Neurodermitis. Nacht für Nacht kratzte er sich so sehr, daß die Bettwäsche morgens voller Blut war. Bei Kerstin zeigten sich sehr bald dieselben Symptome. Die Mutter war verzweifelt. Sie versuchte alles, ging zu verschiedenen Ärzten, redete mit Betroffenen, besorgte sich Literatur. Es dauerte lange, bis sie durch geduldiges Ausprobieren gefunden hatte, was ihren Kindern wirklich half: Eine sehr ausgeklügelte strenge Diät, die konsequent immer, auch im Kindergarten und beim Kindergeburtstag, durchgehalten werden mußte. Endlich trat eine Besserung ein. Thomas und Kerstin waren äußerst diszipliniert, trotz ihrer dadurch bedingten Außenseiterrolle.

Die Mutter zog den Schluß: „Die beiden haben gemerkt: Meine Eltern tun alles, um uns zu helfen. Sie wissen am besten, was für uns gut ist, darauf können wir uns verlassen. Wahrscheinlich hat ihnen diese Erfahrung geholfen, auch später Regeln und Grenzen von uns anzunehmen. Ich selber habe auch etwas daraus gelernt: Sobald ich ganz sicher bin, was für meine Kinder gut ist, klappt das Grenzen-Setzen wie von selbst."

Auf einem Gebiet fühlen sich die meisten Eltern sicher: Alle Eltern sind sich einig, daß sie ihr Kind vor Gefahren schützen müssen. Keinem Zweijährigen wird erlaubt, auf die Straße zu rennen oder mit Steckdosen zu spielen oder kleine Gegenstände in den Mund zu nehmen. Die Eltern wissen, daß sie dieses Verhalten verhindern müssen – wie heftig und ausdauernd ihr Kind auch dagegen protestieren mag. Ebenso haben fast alle Eltern, die ich kenne, durchgesetzt: Beim Autofahren ist und bleibt mein Kind angeschnallt.

Viel schwieriger ist die Entscheidung für Regeln und Grenzen, wenn es um Schlafzeiten, Süßigkeiten, Fernsehen, Aufräumen, pünktliches Nach-Hause-Kommen, Eingehen auf kindliche Forderungen und vieles andere mehr geht. Wenn Sie all diese Entscheidungen Ihrem Kind überlassen, ist es überfordert. Ihr Kind will sich sicher und beschützt fühlen. Dafür braucht es jemanden zum Aufschauen und Bewundern. Es braucht das Gefühl: „Mami weiß, was für mich gut ist". Wenn Sie sich alles von ihm gefallen lassen, fühlt es sich überlegen. Sie werden von Ihrem Kind dafür aber nicht Liebe ernten, sondern Verachtung. „Was mein Kind sich ohne allzu großes Theater gerade noch gefallen läßt – das ist bei uns zu Hause Gesetz!" – wenn das bisher für Ihre Familie zutrifft, wird es Zeit, daß Sie sich zu Ihrer Verantwortung bekennen und das Heft selbst in die Hand nehmen.

Welche Probleme wollen wir vermeiden?

Wie sollen wir Eltern das Kunststück fertigbringen, daß sich unsere Kinder sicher und geborgen, aber nicht zu sehr eingeengt fühlen? Wir Eltern wollen von unseren Kindern schließlich keinen sinnlosen, bedingungslosen Gehorsam. Wir wollen ihnen sinnvolle Regeln beibringen, die uns ständig wiederkehrende Probleme ersparen und das Miteinander erleichtern. Wir wollen positiv lenken. Einen wichtigen Ansatzpunkt haben wir, wenn wir wissen: Welche Probleme belasten den Alltag zwischen Eltern und Kindern eigentlich besonders häufig?

Um eine Antwort auf diese wichtige Frage zu finden, habe ich zusammen mit dem Kinderarzt Dr. Morgenroth einen Fragebogen entworfen und den Eltern bei den Vorsorgeuntersuchungen U4 bis U9 (6 Altersgruppen: 4 Monate bis 6 Jahre) in seiner Praxis zum Ausfüllen vorgelegt. 16 verschiedene Arten von Problemverhalten, nach Alter gestaffelt, standen zur Auswahl. Die Eltern sollten entscheiden, ob etwas davon auf ihr Kind zutraf. Um genauere Aussagen machen zu können, brauchen wir noch weit mehr Daten. Nach Auswertung von 320 Fragebögen gibt es aber schon eine deutliche Tendenz. In allen Altersgruppen von 4 Monaten bis 4 Jahren hatte dasselbe Problem einen absoluten Spitzenplatz:

- Mein Kind will pausenlos beschäftigt werden!

Zwischen 20% und 25% der Eltern in diesen Altersgruppen empfanden das als Problem. Erst wenn die Kinder 6 Jahre alt sind (und in die Schule kommen), spielt es plötzlich keine Rolle mehr.

Die folgenden Probleme wurden ebenfalls besonders oft genannt:

- Mein Kind „hört“ nicht. Es macht, was es will. (Altersgruppen zwischen 1 Jahr und 6 Jahren)
- Mein Kind hat mehrmals pro Woche ausgeprägte Trotzanfälle. (spielt im Alter von einem Jahr noch keine Rolle, dafür Spitzenreiter bei den 2- und 4jährigen)
- Mein Kind hat Probleme mit dem Schlafen. (besonders oft zwischen 7 Monaten und 2 Jahren)

Wenn Sie sich und Ihrem Kind diese besonders häufigen Probleme ersparen wollen, sollte Ihr Kind frühzeitig folgende Regeln lernen:

- Ich muß mich manchmal selbst beschäftigen.
- Ich höre auf meine Eltern, wenn sie es wirklich ernst meinen.
- Ein Trotzanfall bringt mir keinerlei Vorteile.
- Ich kann allein ohne Hilfe meiner Eltern einschlafen und durchschlafen.

Zum **Thema „Schlafen“** gibt unser Ein- und Durchschlaf-Buch *Jedes Kind kann schlafen lernen* ausführlich Auskunft[3]. Einige Anregungen und Lösungsvorschläge finden Sie auch hier in diesem Buch.

Unsere Untersuchung brachte noch einige weitere interessante Ergebnisse zutage:

Thema „Bettnässen“: Etwa 20% der Vierjährigen und über 10% der Sechsjährigen näßten nachts noch ein. Allerdings empfanden das nur wenige der betroffenen Eltern als Problem. Hier spielt sicherlich die Aufklärungsarbeit der Kinderarztpraxis eine Rolle: Die Eltern wissen, daß es sich in der

Regel um ein anlagebedingtes Problem handelt, das sich mit der Zeit von selbst „auswächst“. Bei Kindern über 5 Jahren kann das nächtliche Einnässen mit Hilfe eines Weckapparates (Klingelhose) sehr oft mit Erfolg behandelt werden. Früher wurden häufig fälschlicherweise psychische Probleme als Ursache für nächtliches Einnässen angenommen. Mittlerweile ist nachgewiesen, daß in den meisten Fällen Vererbung die entscheidende Rolle spielt: In 75% der betroffenen Familien gibt es außer dem bettnässenden Kind noch jemanden, der erst spät nachts trocken wurde. Außerdem konnte nachgewiesen werden, daß die meisten „Bettnässer“ weniger von einem bestimmten Hormon haben, das nachts normalerweise die Urinausscheidung drosselt und ein „Überlaufen“ verhindert.

Thema „Trennungsangst“: „Mein Kind weint, wenn es von mir getrennt ist“. Diese Feststellung traf für jedes vierte einjährige und für jedes sechste zweijährige Kind zu. Bei älteren Kindern wurde das Problem nur sehr selten angegeben. Bei diesem Thema ist anscheinend Gelassenheit und Geduld angesagt: Trennungsangst gehört bei vielen Kindern zur normalen Entwicklung und verschwindet meist von selbst.

Thema „Panische Angst vor bestimmten Tieren oder Situationen“: Jedes sechste Kind im Alter von 2 bis 4 Jahren war davon betroffen. Mit 6 Jahren wird es zum weit verbreiteten Problem: In diesem Alter war jedes dritte Kind betroffen. Dieses Ergebnis hat uns überrascht. Es legt nahe, daß Ängste vor bestimmten Situationen in dieser Altersgruppe zur normalen Entwicklung gehören. Eine genauere Untersuchung zu diesem Thema ist notwendig.

Thema „Essen“: Nur 4% aller Eltern waren der Meinung, daß ihr Kind zuviel ißt. Bei den Kindern zwischen 2 und 6 Jahren gaben allerdings 20% der Eltern an, ihr Kind würde sich zu einseitig ernähren. Außerdem waren erstaunlich viele Eltern der Überzeugung, ihr Kind würde **zu wenig** essen. Zwar wurde dieses Problem im Babyalter kaum gewählt, aber auf jedes fünfte Kind zwischen 4 und 6 Jahren traf es zu! Im Gegensatz dazu stand der Eindruck des Kinderarztes: Während des Untersuchungszeitraums war ihm zwar ein voll gestillter Säugling mit Symptomen von Unterernährung aufgefallen, aber kein einziges Kind ab einem Jahr, das aus ärztlicher Sicht Probleme wegen unzureichender Ernährung bzw. gesundheitsgefährdendem Untergewicht hatte.

Jedes Kind weiß selbst am besten, wieviel es essen oder trinken muß! Wenn es sehr wenig ißt, gibt es zwei mögliche Ursachen: Entweder ist das Kind dabei gesund und munter – dann braucht es nicht mehr. Oder es ist krank – dann kann es nicht mehr essen. In diesem Fall muß die Krankheit gesucht und behandelt werden. Das Problem „Mein Kind ißt zu wenig" steckt anscheinend in erster Linie in den Köpfen der Eltern. Hier gibt es Aufklärungsbedarf. Sie finden zu diesem Thema eine ausführliche Fallgeschichte (Carola, S. 111).

Wenn Sie mit Ihrem Kind ein spezielles Problem haben, nützen Ihnen solche Zahlen herzlich wenig. Jedes Problem, und sollte es noch so selten vorkommen, muß ernst genommen werden, wenn die Eltern es als solches empfinden. Da wir mit diesem Buch möglichst viele Eltern ansprechen wollen, haben wir uns bei der Auswahl der besprochenen Regeln an den besonders häufigen Problemen orientiert. Die Hinweise und Tips aus diesem Buch können aber auch bei anderen Problemen angewendet werden.

Kapitel 2: Das Wichtigste in Kürze

- **Wunsch und Wirklichkeit liegen oft weit auseinander**
  Viele Eltern haben an ihr Kind so hohe Erwartungen geknüpft, daß sie von seiner Entwicklung enttäuscht sind. Klüger ist es, das eigene Kind zunächst einmal so anzunehmen, wie es ist.

- **Kinder lernen Regeln vom Babyalter an**
  Schon ein Baby kann sich Reaktionen der Eltern merken und daraus Schlußfolgerungen für sein eigenes Verhalten ziehen. Ob Baby, Kleinkind, Kindergartenkind oder Schulkind – Kinder lernen Regeln aus den Erfahrungen, die sie Tag für Tag mit ihren Eltern machen. Vom Kindergartenalter an wird Einfluß von außen immer wichtiger.

- **Die Eltern wählen Regeln für ihre Kinder aus**
  Sie können sich dabei von eigenen Erfahrungen, von Vorbildern oder von fachlichen Ratschlägen leiten lassen. Es hat große Vorteile, wenn Eltern wissen, was ihnen wichtig ist – und welche Probleme sie sich ersparen wollen. In den ersten sechs Lebensjahren beklagen sich Eltern besonders oft, daß ihr Kind
  - pausenlos beschäftigt werden will
  - nicht „hört“
  - mehrmals pro Woche Trotzanfälle hat
  - Probleme mit dem Schlafen hat

  In bestimmten Altersgruppen spielen Ängste, Eßstörungen und nächtliches Einnässen eine wichtige Rolle.

3

Und jeden Tag Theater – Der Kampf um Aufmerksamkeit

In diesem Kapitel erfahren Sie...

- welche guten Gründe Ihr Kind haben kann, sich auffällig zu benehmen
- wie es zu einem verhängnisvollen Kreislauf kommen kann, wenn Ihr Kind um Ihre Aufmerksamkeit kämpft
- welche wirksamen Gegenmittel einen Kampf um Aufmerksamkeit für Ihr Kind überflüssig machen

Gute Gründe für auffälliges Verhalten – ein Kreislauf

Ein Kind, das oft andere Kinder schlägt – ist es deshalb „aggressiv"? Ein Kind, das in wenig vertrauter Umgebung jedesmal weint – ist es „ängstlich"? Wenn es abends nicht schlafen will – ist es aus diesem Grund ein „schlechter Schläfer"? Wenn es sich oft brüllend auf den Boden wirft – ist es dann ein „Trotzkopf"?

Solche „Schubladen" helfen meiner Überzeugung nach wenig weiter. Wenn Ihr Kind erst einmal in einer solchen „Schublade" gelandet ist, kann es sich nur schwer wieder daraus befreien. Viel sinnvoller ist es, sich das Verhalten Ihres Kindes genau anzuschauen: Was passiert, unmittelbar bevor mein Sohn ein anderes Kind schlägt? Was passiert danach? Wie reagiere ich? Hat er gute Gründe, sich demnächst wieder zu prügeln? Hat er wirklich gute Gründe, es in Zukunft nicht mehr zu tun?

Fast immer hat ein Kind gute Gründe, mit seinem auffälligen Verhalten fortzufahren. Aus seiner Sicht gibt es wahrscheinlich keinen Grund, sein Verhalten zu ändern. Fast immer spielt dabei ein ganz grundlegender Wunsch Ihres Kindes eine Rolle: „Ich will Aufmerksamkeit! Ich will wichtig genommen werden! Ich will dazugehören!"

Schauen wir uns noch einmal das Verhalten der „schwierigen Kinder" aus dem ersten Kapitel (S. 19) an. Zunächst war da Paul, das Baby, das pausenlos beschäftigt werden will. Warum brüllt er so oft, obwohl er doch so viel Zuwendung bekommt? Die Gegenfrage: Warum sollte er damit aufhören? Er macht doch täglich viele Male die Erfahrung, daß sein Schreien sich auszahlt: Alle paar Minuten läßt sich seine Mami etwas Neues für ihn einfallen. Wie sollte er auf die Idee kommen, sich jemals eine eigene Beschäftigung zu suchen? Wie soll er auf die Idee kommen, daß er sich ganz allein entscheiden kann, mit dem Schreien aufzuhören – wo doch bisher jedesmal seine Mami ihn getröstet hat?

Erinnern Sie sich an Patrick, den „Schrecken der Spielgruppe"? (S. 14). Was passiert, wenn er wieder ein anderes Kind verhauen oder ihm Spielzeug weggerissen hat? Seine Mutter kommt schnell zu ihm, erklärt ihm, daß er das nicht darf, warum er das nicht darf, und beschäftigt sich in der nächsten Viertelstunde besonders intensiv mit ihm, um ihn „abzulenken". So hat er nichts verloren und jede Menge Aufmerksamkeit gewonnen. Warum sollte er sein Verhalten ändern?

Carola, die „schlechte Esserin" macht die Erfahrung: Ich bekomme von Mami am meisten Aufmerksamkeit, wenn ich beim Essen Theater mache. Damit kann ich jede Mahlzeit nach Belieben ausdehnen und kontrollieren. Miriam erreicht mit ihrem Trödeln, daß sie zu Hause bleiben darf. Vicky erreicht mit ihren Bauchschmerzen, daß sie nicht in die Schule muß.

Allen Kindern ist gemein: Ihr auffälliges, unerwünschtes Verhalten zahlt sich aus. Sie bekommen mehr Aufmerksamkeit. **Welches** auffällige Verhalten die Kinder auswählen, macht keinen großen Unterschied. Jedes Kind hat sein eigenes Temperament und seine eigene Veranlagung. Jede Mutter hat aber auch ihre besonders verletzliche Seite. Nicht selten haben Kinder ein sehr genaues Gespür dafür, mit welchem Verhalten sie ihre Mutter oder ihren Vater am wirkungsvollsten verunsichern können. Je unsicherer die Eltern wirken, desto eher bekommt das Kind „Oberwasser" für sein auffälliges Verhalten. Es lernt zusätzlich: „Ich bekomme damit nicht nur Aufmerksamkeit, sondern ich setze sogar meinen Willen durch! Ich bin stärker als meine Eltern! Ich entscheide hier im Haus, wie es läuft!"

Tatsächlich bekommt ein Kind oft viel mehr Einfluß, als ihm gut tut. Es fühlt sich stark, weil es im Machtkampf mit anderen – sogar mit Erwachsenen – oft Sieger bleibt. Mit echtem Selbstvertrauen hat das allerdings nichts zu tun. Das Kind ruht nicht in sich selbst. Es fühlt sich nicht angenommen. Es muß sich und den anderen ständig beweisen, daß es „stärker" ist. Es muß täglich aufs Neue um Aufmerksamkeit kämpfen, weil es zu der Überzeugung gekommen ist: „Freiwillig beschäftigt sich ja doch keiner mit mir. Wenn ich mich auffällig verhalte, kümmert sich sofort jemand um mich. Wenn ich mich mal normal und friedlich benehme, passiert gar nichts."

Die Gefahr, daß genau das eintritt, ist sehr groß. Eltern, die ihrem Kind immer wieder erklären, warum es dies oder jenes nicht tun soll, immer wieder mit ihm schimpfen, immer wieder diskutieren und letztendlich immer wieder nachgeben, werden mit der Zeit sauer. Sie merken, daß ihr Handeln keinen Erfolg hat. Die Mißerfolge machen mürbe. Irgendwann liegen die Nerven blank. Der Umgang mit dem Kind wird zunehmend gereizter. Die Angst vor dem nächsten Streit sitzt den Eltern manchmal schon im Nacken, wenn das Kind tatsächlich mal eine Zeitlang friedlich ist.

Auch besonders engagierte Eltern, die sich viel Zeit für ihre Kinder nehmen, können unbemerkt und ungewollt in den Kreislauf „Kampf um Aufmerksamkeit" hineingeraten. Für das Kind ist es unmöglich, sich aus eigener Kraft daraus zu befreien. Nur die Eltern können den Anfang machen und an irgendeiner Stelle aus dem Kreislauf ausscheren.

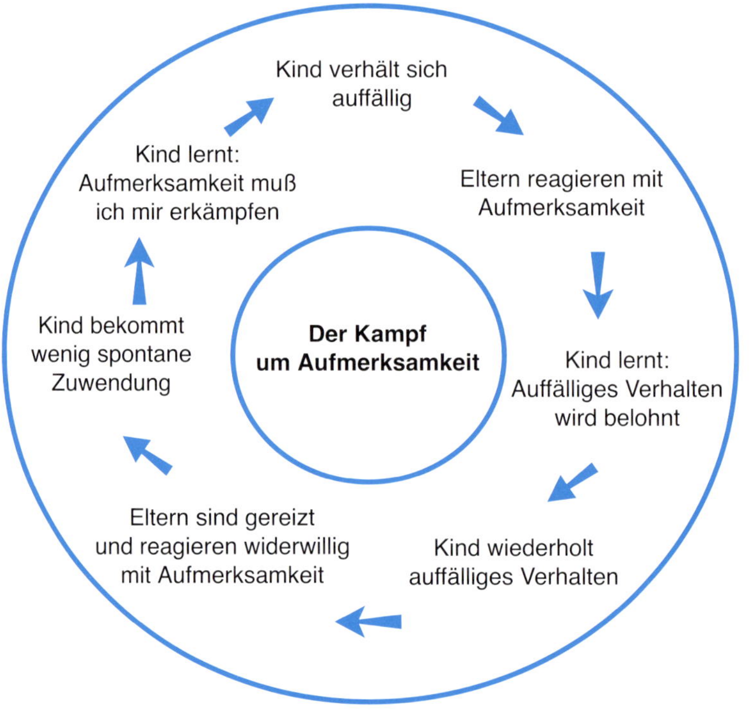

Abbildung 1: Die Pfeile im Kreis entsprechen den Pfeilen in den folgenden Fallbeispielen.

Durch diesen Kreislauf können ganz verschiedene „schwierige“ Verhaltensweisen des Kindes aufrecht erhalten werden. Auch können die Eltern ihrem Kind auf ganz verschiedene Art und Weise Aufmerksamkeit geben. Erstaunlicherweise empfinden Kinder nämlich auch negative Zuwendungen wie Schimpfen, Ermahnungen und Schläge als „Im-Mittelpunkt-Stehen“ – nicht nur Trösten, gemeinsames Spielen und Auf-den-Schoß-Nehmen. Es ist, als ob die Kinder meinten: „Wenn ich schon keine liebevolle Zuwendung bekommen kann, will ich wenigstens ablehnende Aufmerksamkeit.“ Die folgenden Beispiele sollen den Kreislauf „Kampf um Aufmerksamkeit“ verdeutlichen.

Fallbeispiele

***Das Kind verhält sich auffällig: Manuel**, 5 Jahre alt, macht jeden Abend beim Zubettgehen eine Stunde lang „Theater“. Er will nicht nur eine, sondern viele Geschichten, steht danach immer wieder auf, will etwas essen oder etwas trinken und verlangt jeden zweiten Tag, daß seine Mama sich zu ihm legt, weil er „Angst“ hat. → **Eltern reagieren mit Aufmerksamkeit:** Manuels Mama liest jeden Abend mindestens drei Geschichten vor. Manuel verlangt regelmäßig mehr und weint. Meistens gibt die Mutter nach und liest weiter. → **Kind lernt: Auffälliges Verhalten wird belohnt:** Manuel spürt: „Mit Weinen kann ich meistens noch eine oder zwei Geschichten mehr herausschlagen. Mal sehen, was ich noch alles erreichen kann.“ → **Kind wiederholt auffälliges Verhalten:** Manuel macht weiter „Theater“. Er steht auf, ruft, weint, fordert. → **Eltern sind gereizt und reagieren zunehmend widerwillig mit Aufmerksamkeit:** Anfangs ist Manuels Mama noch ruhig. Sie gibt ihm zu essen und zu trinken und schickt ihn immer wieder ins Bett. Irgendwann verliert sie die Nerven. Sie fängt an zu schreien: „Jetzt ist aber Schluß! Jeden Abend machst du so einen Zirkus! Das ist ja nicht zum Aushalten mit dir!“ Einige Male hat sie Manuel in ihrer Verzweiflung festgehalten und geschüttelt, einmal hat sie ihn regelrecht verhauen. Wenn sie schließlich nachgibt und sich neben Manuel ins Bett legt, kocht sie innerlich vor Wut und wartet ungeduldig darauf, daß er endlich einschläft. → **Kind bekommt wenig spontane Zuwendung:** Manuels Mutter hat regelrecht Angst vor dem Abendritual. Sie ahnt, was auf sie zukommt. Das Vorlesen macht ihr keinen Spaß, denn sie weiß: Manuel kann sowieso nie genug kriegen. Ihre Zuwendung kommt nicht von Herzen. Das Übermaß an Aufmerksamkeit gibt sie ihrem Sohn nicht freiwillig, sondern nur, weil er sie dazu zwingt. Wenn Manuel sich ausnahmsweise einmal mit einer Geschichte zufrieden gibt und danach ruhig in seinem Bett bleibt, ist seine Mut-*

ter heilfroh, endlich einmal ihre Ruhe zu haben. Sie hütet sich davor, sein Zimmer noch einmal zu betreten. → ***Kind lernt: Aufmerksamkeit muß ich mir erkämpfen:*** *Manuel merkt genau, daß seine Mutter abends ihre Zeit nicht gern mit ihm zusammen verbringt. Er denkt sich: „Anscheinend mag sie mich nicht so besonders. Aber ich will, daß sie sich mit mir beschäftigt! Ich weiß schon, wie ich das am besten schaffe: Wenn ich abends Theater mache, habe ich sie eine Stunde ganz für mich alleine!“* → ***Kind verhält sich auffällig:*** *Manuel macht am nächsten Tag wieder Theater...*

Nicht nur im Elternhaus kommt so ein Kreislauf häufig vor. Im Kindergarten oder in der Schule kann es ebenfalls passieren. Oft begibt sich das Kind sogar von einem Kreislauf in den nächsten – und hat sein Weltbild damit um so mehr verfestigt: „Ich kann und muß alle Erwachsenen dazu zwingen, daß sie sich um mich kümmern.“ – Diesmal soll eine Geschichte aus dem Kindergarten den Ablauf des Kreislaufs von Abb. 1 anschaulich machen.

Nina *ist 4 Jahre alt. Sie hat ein besonders enges und inniges Verhältnis zu ihrer Mutter. Allerdings empfindet die Mutter Nina mitunter als anstrengend, weil sie auf Trennung häufig mit Tränen und tiefer Traurigkeit reagiert. Nina ist beliebt bei den anderen Kindern, denn sie hat viel Charme und tausend Ideen. Manchmal spielt sie den ganzen Tag draußen mit ihren Freunden. Sie lädt sich gern Spielkameraden ein, besucht ihrerseits aber niemanden ohne ihre geliebte Mama. Im ersten Kindergartenjahr klappte die Trennung von der Mutter nach einer wie erwartet schwierigen Anfangsphase ganz gut. Seit den Sommerferien, zu Beginn des zweiten Kindergartenjahres, benimmt sich Nina plötzlich sehr auffällig. Schon zu Hause fängt sie an, herzzerreißend zu weinen: „Muß ich wirklich in den Kindergarten?“ Meist wird sie vom Vater gebracht, damit der Trennungsschmerz nicht ganz so groß ist. Im Kindergarten geht das*

„Theater" weiter. **Kind verhält sich auffällig:** → *Nina spielt nicht, sondern sie setzt sich in eine Ecke und weint herzzerreißend leise vor sich hin. Fragt man sie nach ihrem Kummer, lautet die Antwort: „Ich weiß auch nicht, warum ich so traurig bin!"* → **Erzieherinnen reagieren mit Aufmerksamkeit:** *Irgendwann erbarmt sich eine Erzieherin, nimmt Nina auf den Schoß, tröstet sie, bietet ihr ein Spiel an. Nach langer intensiver Zuwendung hört Nina auf zu weinen und beschäftigt sich eine Weile friedlich.* → **Kind lernt: Auffälliges Verhalten wird belohnt:** *Nina denkt: Mit niemandem spielt die Erzieherin so viel wie mit mir. Meine Tränen scheinen sie sehr zu beeindrucken.* → **Kind wiederholt auffälliges Verhalten:** *In diesem Kindergarten nehmen alle 25 Kinder ihr Frühstück gemeinsam ein. Es wird gewartet, bis alle Kinder fertig sind. Erst dann darf wieder gespielt werden. Nina haßt dieses langweilige Stillsitzen. Sie hat herausgefunden, wie sie es erheblich abkürzen kann: Regelmäßig beim Frühstück fängt sie wieder herzzerreißend an zu weinen. Trösten ist zwecklos. Oft darf Nina dann als Erste aufstehen und in einer Ecke allein spielen. Allerdings weint sie meist immer noch weiter.* → **Erwachsene sind gereizt und reagieren zunehmend widerwillig mit Aufmerksamkeit:** *Wenn die Erzieherin sich nicht mehr zu helfen weiß, schickt sie Nina ins Büro der Leiterin. Die hat eigentlich viel zu tun und fühlt sich gestört. Weil sie schnell ihre Ruhe haben möchte, bietet sie Nina regelmäßig Bonbons an (die sie zu Hause ausschließlich samstags bekommt) und bringt sie dazu, daß sie in ihrem Büro – zunächst noch leise schluchzend – anfängt zu spielen. Hat sie sich beruhigt, wird Nina in die Gruppe zurück geschickt.* → **Kind bekommt wenig spontane Zuwendung:** *Die Erzieherinnen sind immer froh, wenn Nina gerade nicht weint. Aufmerksamkeit bekommt sie nur, solange sie weint. Durch ihre Sonderrolle hat Nina recht wenig Kontakt zu den anderen Kindern. Allmählich hören die freundlichen Annäherungsversuche der anderen Kinder auf. Nina kommt zu dem Ergebnis: „Mit Kindern spielen ist*

doof. Mir macht es nur mit Erwachsenen Spaß." → **Kind lernt: Aufmerksamkeit muß ich mir erkämpfen:** *Nina merkt, daß sie den Erzieherinnen mit ihrem stundenlangen Weinen so langsam auf die Nerven fällt. Aber sie weiß, was sie tun muß, um eine besonders intensive „Behandlung" einschließlich Bonbons zu bekommen und um dem langweiligen gemeinsamen Frühstück zu entgehen: Möglichst lange und herzzerreißend weinen. Leider entgeht ihr in diesem Kampf um Aufmerksamkeit völlig, daß es auch Spaß machen kann, mit anderen Kindern zu spielen!* → **Kind verhält sich auffällig:** *Am nächsten Tag weint Nina wieder...*

In dem Buch *Kampfbeziehungen* von Margot Jørgensen und Peter Schreiner(5) können Sie weitere Beispiele zu diesem Thema finden.

Wirksame Gegenmittel

Haben Sie festgestellt, daß Sie mit Ihrem Kind mitten in einem ähnlichen Kreislauf stecken? Oder möchten Sie gern von vornherein vermeiden, in einen solchen Kreislauf hineinzugeraten? Es gibt einige wirksame Gegenmittel.

- Sie können dafür sorgen, daß Ihrem Kind durch auffälliges, unangemessenes Verhalten keine Vorteile mehr entstehen.
- Sie können Ihrem Kind zuhören und auf seine Bedürfnisse achten.
- Sie können Ich-Botschaften senden.
- Sie können Ihrem Kind mehr Verantwortung für sein Verhalten übertragen.
- Sie können Ihr Zusammenleben durch feste Rituale vereinfachen.
- Sie können ihm freiwillig soviel Aufmerksamkeit schenken, daß es nicht mehr darum kämpfen muß.

Unangemessenes Verhalten nicht belohnen

Wieviele gute Gründe ein Kind hat, „Theater“ zu machen, haben wir an vielen Beispielen gezeigt. Oft belohnen wir Eltern durch unsere Reaktion genau die Verhaltensweisen, die uns eigentlich stören. Was wir dabei genau falsch machen und wie wir stattdessen angemessen handeln können – diese Fragen werden im vierten und fünften Kapitel ausführlich behandelt.

Dem Kind zuhören

Zuhören – das hört sich leicht an und ist doch recht schwierig. Babys können noch gar nicht reden. Aber wir können ihnen schon zuhören: Wir können versuchen, aus ihrem Weinen eine Botschaft herauszuhören. Was will das Kind uns mitteilen: Ich habe Hunger, Durst, Schmerzen, Wut oder Langeweile? Es erfordert genaue Beobachtung und Übung, die richtige Botschaft zu entschlüsseln. Auch wenn das Kind sprechen lernt, werden wir aus seinen Worten nicht immer ganz schlau. Es wird aber sehr ungehalten, wenn wir Erwachsene uns so dumm anstellen und seine Zweiwortsätze nicht richtig verstehen können. Wir können raten und ihm mehrere Möglichkeiten anbieten. Auf jeden Fall können wir ihm zeigen: Wir nehmen dich ernst und hören dir zu.

Ältere Kinder sprechen oft nicht gern über ihre Gefühle und Bedürfnisse. Ähnlich wie bei einem Baby müssen wir Eltern mühsam entschlüsseln, was eigentlich in ihnen vorgeht. Thomas Gordon hat zu diesem Thema 1970 einen Elternratgeber geschrieben, den man ebenfalls zu den „Klassikern" der Erziehungsliteratur zählen kann: *Familienkonferenz*(6). Er verwendet den Begriff „aktives Zuhören" und appelliert an die Eltern: Fragen Sie sich immer wieder: Welche Bedürfnisse und Gefühle stehen hinter dem, was mein Kind sagt? Bieten Sie Ihrem Kind das an, was Sie herausgehört haben. Sie können ihm so helfen, sich über seine Gefühle klar zu werden und eigene Lösungen zu finden.

Das folgende Gespräch zwischen dem achtjährigen Tom und seiner Mutter soll verdeutlichen, was mit „aktivem Zuhören" gemeint ist.

***Tom**: Der Basti ist voll blöd. Immer will er alles bestimmen. Sonst will er gar nicht mit mir spielen.*
***Mutter**: Du bist ja richtig sauer auf den Bastian.*
***Tom**: Sauer? Ich hasse ihn. Der soll überhaupt nie mehr mein Freund sein.*
***Mutter**: Junge, was bist du sauer. Am liebsten würdest du ihn überhaupt nicht mehr sehen, stimmts?*
***Tom**: Genau, nie mehr. Aber mit wem soll ich dann spielen?*
***Mutter**: Ganz ohne Freund ist auch nicht so gut...*
***Tom**: Das stimmt. Aber ich kann mich doch nicht wieder mit ihm vertragen! Wenn er doch so blöd ist!*

***Mutter**: Vertragen ist ganz schön schwer, wenn man Wut im Bauch hat.*
***Tom**: Komisch, sonst durfte ich immer bestimmen. Er hat alles gemacht. Und jetzt will er alles bestimmen.*
***Mutter**: Er läßt sich von dir nicht mehr so herumkommandieren.*
***Tom**: Auf einmal ist er kein Baby mehr. Es macht jetzt aber auch manchmal mehr Spaß mit ihm.*
***Mutter**: Eigentlich gefällt es dir so besser.*
***Tom**: Ja, aber bis jetzt war ich doch immer der Chef. Daran habe ich mich gewöhnt. Wenn ich ihn auch mal bestimmen lasse – ob wir uns dann wohl besser vertragen?*
***Mutter**: Du meinst, ihr bestimmt abwechselnd – und dann kriegt ihr nicht mehr so leicht Krach?*
***Tom**: Ja, vielleicht. Ich versuch's mal.*

Dieses einfühlsame Zuhören macht einen Kampf um Aufmerksamkeit überflüssig. Es hilft dem Kind, einen eigenen Weg zu finden und selbst die Verantwortung zu übernehmen.

Ich-Botschaften senden

Thomas Gordon erläutert in seinem Buch ein weiteres wirksames Mittel gegen einen Kampf um Aufmerksamkeit. Er spricht von Ich-Botschaften. Damit ist gemeint: Wenn unser Kind sich unangemessen verhält, können wir ihm sagen, wie wir uns fühlen. Unser Kind fühlt sich dadurch eher ernst genommen und wird mit größerer Wahrscheinlichkeit sein Verhalten ändern, als wenn wir mit ihm schimpfen.

Es folgen einige Beispiele für Ich-Botschaften zwischen Eltern und Kind:

Konflikt	Ich-Botschaft
Neunjähriges Kind kommt eine Stunde später als verabredet nach Hause.	„Ich bin riesig erleichtert, daß du jetzt da bist! Ich habe mir große Sorgen gemacht und richtig Angst um dich gehabt!“
Zweijähriges Kind quengelt und zerrt an der Mutter herum, während diese telefoniert.	„Ich muß jetzt unbedingt noch zu Ende telefonieren. Das ist ganz wichtig für mich!“
Fünfjähriges Kind zieht dem Vater beim Staubsaugen mehrmals den Stecker heraus.	„So komme ich nicht weiter. Ich kann nicht mit dir spielen. Ich muß zuerst diese Arbeit erledigen.“
Siebenjähriges Kind hat trotz mehrfacher Versprechungen immer noch nicht sein Zimmer aufgeräumt.	„Jetzt bin ich aber total enttäuscht! Wir hatten uns doch geeinigt, daß du heute nachmittag aufräumst! Ich finde es so wichtig, daß ich mich auf dich verlassen kann!“

Mit dieser Methode geben Sie Ihrem Kind eine Chance, seinen Fehler selbst zu erkennen und eigenständig eine Lösung zu finden. Auf negative Aufmerksamkeit verzichten Sie ganz. Ihr Kind lernt, mehr Verantwortung für sein Verhalten zu übernehmen.

Dem Kind mehr Verantwortung geben

Im zweiten Kapitel haben wir betont, wie dringend Kinder Grenzen brauchen. Wir haben die Eltern aufgerufen, sich zu ihrer Verantwortung zu bekennen und Entscheidungen zu treffen, welche Grenzen sie setzen wollen. Und nun der Vorschlag „mehr Verantwortung für das Kind“ – ist das kein Widerspruch? In Wirklichkeit gehört beides zusammen.

Vielen Kindern scheint es äußerst wichtig zu sein, Erwachsene zu steuern und zu kontrollieren. Zu ihren eigenen Bedürfnissen und Gefühlen haben sie dagegen kaum Zugang. Mit sich selbst, mit eigener freier und unverplanter Zeit, wissen sie recht wenig anzufangen. Auf diesem Feld müssen Kinder lernen, Entscheidungen selbst zu treffen und die Verantwortung dafür selbst zu übernehmen. Das fängt im Babyalter an.

Stellen Sie sich vor: Ihr Baby ist satt und frisch gewickelt. Es ist gesund und munter, Sie haben gerade eine halbe Stunde lang viel Spaß miteinander gehabt. Nun legen Sie es auf seine Spieldecke und wollen im Haushalt etwas erledigen. Es mag sich aber nicht allein beschäftigen und fängt an zu schreien. Was tun Sie? Sie haben die Wahl: Unterbrechen Sie Ihre Arbeit sofort, um das Baby aufzunehmen und zu trösten? Tun Sie das **immer**, sobald Ihr Baby weint? Was lernt Ihr Baby daraus? Es lernt: „Mami ist dafür zuständig, wie ich mich fühle. Wenn ich nicht so gut gelaunt bin, ist es ihre Sache, das zu ändern.“ Das Kind hat keine Chance, für sein eigenes Wohlbefinden Verantwortung zu übernehmen. Es hat keine Chance zu lernen: „Ich kann anfangen zu weinen, sobald mir danach zumute ist. Ich kann aber auch damit aufhören, sobald mir etwas Besseres einfällt.“ Die Mutter nimmt ihm die Entscheidung „weinen oder nicht weinen“ ab – und steckt schon mit einem Bein im Kreislauf „Kampf um Aufmerksamkeit“.

Damit keine Mißverständnisse aufkommen: Unsere Empfehlung lautet **nicht** „pausenlos schreien lassen.“ Wann ein Kind wirklich Trost und Hilfe braucht, können die meisten Eltern schon nach wenigen Wochen am Klang seiner Stimme hören. Weint es aber aus Langeweile, vor Ärger, aus Trotz oder um seinen Willen zu bekommen, sollte es lernen, sich auch mal selbst zu beruhigen. Die Eltern können in seiner Nähe bleiben, alle paar Minuten mit ihm reden („Na, willst du noch weiter weinen, oder hast du jetzt mal Lust zu spielen?“) oder es kurz auf den Arm nehmen.

Bitte bedenken Sie: **Ihr Kind hat ein Recht auf schlechte Laune!** Sie können von ihm verlangen, daß es sich ab und zu allein beschäftigt, aber Sie können nicht verlangen, daß es das gern tut. Gelassen und fröhlich das Weinen Ihres Kindes ertragen – wenn es keinen echten Kummer hat – ist eine äußerst hilfreiche Fähigkeit. Alle Eltern und ihre Kinder können davon nur profitieren. Hat Ihr Kind sich tatsächlich aus eigener Kraft beruhigt, haben Sie einen guten Grund, sich dann wieder intensiv und mit Freuden mit ihm zu beschäftigen.

Was im Babyalter beginnt, setzt sich beim Kleinkind fort: Mehr und mehr Entscheidungen über seine eigenen Bedürfnisse kann Ihr Kind selbst treffen – und die natürlichen Folgen selbst erfahren. Sie können und sollten z.B. für Ihr Kind entscheiden, **wann** Sie ihm etwas zu essen anbieten, und Sie können und sollten entscheiden, **welche** Speisen Sie ihm anbieten. Niemand anders als Ihr Kind sollte aber entscheiden, **wieviel** es zu sich nehmen möchte! Sobald Ihr Kind nicht mehr mag, sollte die Mahlzeit beendet werden. Es wird sehr schnell lernen, das richtige Maß zu finden – wenn die Mahlzeiten regelmäßig zu festen Zeiten stattfinden. Vertrauen Sie Ihrem Kind – es kann diese Entscheidung wirklich selbst treffen! Wer mit dem Löffel in der Hand hinter seinem Kind herläuft wie die Witwe Bolte aus *Max und Moritz* hinter ihrem Spitz und so seinem Kind Nahrung einflößen will, steckt schon mit beiden Beinen im Kreislauf „Kampf um Aufmerksamkeit". Bedenken Sie: Das Problem „Mein Kind ißt zu wenig" steckt fast immer in den Köpfen der Eltern! Wenn ein Kind das Essen verweigert, trifft es damit oft eine besonders verletzliche Seite der Mutter. Das Kind spürt genau, daß sich dieses Feld für einen „Kampf um Aufmerksamkeit" bestens eignet.

Eltern von Kindergartenkindern klagen besonders oft über das Trödeln morgens beim Anziehen. Sie wissen: Um 9 Uhr wird der Kindergarten geschlossen. Tatsächlich ist es Ihre Aufgabe, Ihr Kind pünktlich dorthin zu bringen. Aber ob Ihr Kind ordentlich gekämmt und perfekt angezogen ist und Zeit zu einem gemütlichen Frühstück hat – diese Entscheidung können Sie Ihrem Kind übertragen. Wenn es sich selbst verantwortlich fühlt, hat es keinen Grund mehr, morgens „Theater" zu machen.

Das leidigste Thema bei Schulkindern sind die Hausaufgaben. Wieder lautet die Frage: Wer fühlt sich in Ihrer Familie eigentlich für die richtige und vollständige Erledigung der Hausaufgaben zuständig – Sie oder Ihr Kind? Die Verantwortung sollten Sie Ihrem Kind zurückgeben. Sie können Ihrem Kind zwar Grenzen setzen, wann und wie lange es seine Aufgaben macht. Wie ordentlich, wie vollständig, wie ausführlich, wie perfekt Ihr Kind sie ausführen will, sollte es aber selbst entscheiden dürfen. Nur dann kann es sich für die Folgen – ob Erfolg oder Mißerfolg – selbst verantwortlich fühlen. Sie selbst können sich natürlich auf dem Laufenden halten, Ihrem Kind Hilfe anbieten, nachschauen, eventuell auf Fehler hinweisen und mit der Lehrerin in Kontakt bleiben. Ein Machtkampf erübrigt sich auf diese Weise.

Für alle Altersgruppen gilt: Geben Sie Ihrem Kind Verantwortung für den Umgang mit seiner Freizeit! Wenn Sie Ihr Baby pausenlos beschäftigen, kann es seine eigenen Bedürfnisse und Fähigkeiten gar nicht kennenlernen. Wenn Sie für Ihr Kindergartenkind schon einen Terminkalender führen müssen, schränken Sie nicht nur Ihr eigenes, sondern auch sein Recht auf freie Entfaltung der Persönlichkeit ein. Dasselbe gilt für Schulkinder, die von ihrer Mama – der Taxifahrerin in ständiger Dienstbereitschaft – von einem Termin zum nächsten gefahren werden. Je mehr verplante Zeit, desto häufiger wird die Frage kommen: „Mama, was soll ich machen? Mir ist langweilig!“

Ihr Kind hat ein Recht auf Langeweile! Lassen Sie auf keinen Fall zu, daß jede Minute Leerlauf automatisch mit Fernseh- oder Computerkonsum zugestopft wird. Ihr Kind muß und kann die Verantwortung für seine Langeweile selbst übernehmen. Es muß und kann selbst entscheiden: „Möchte ich herumhängen oder nichts tun – oder denke ich mir etwas Besseres aus?“ Manchmal hat ein Kind tatsächlich Lust zum Nichtstun – und wir Eltern sollten das auch akzeptieren. Manchmal entstehen aber aus Langeweile die besten Ideen für kreatives Gestalten, gemeinsame Spiele oder spontane Verabredungen in der Nachbarschaft.

Am besten haben es die Kinder, bei denen das Umfeld stimmt: Sie können auf der (verkehrsberuhigten) Straße allein spielen, es wohnen viele andere Kinder dort, die sie spontan treffen können. Leider sind die Verhältnisse oft nicht so. Aber auch zu Hause kann man Freiräume schaffen: Einen Platz, an dem Kinder malen, werkeln, kneten, matschen oder toben dürfen. Dieses Angebot kann aus Platzgründen vielleicht nicht täglich gemacht werden. Aber es ist wichtig, ab und zu auch zu Hause spontan solche Aktivitäten zu fördern, statt alles grundsätzlich auf organisierte Gruppen zu verlagern. Je mehr Möglichkeiten Ihr Kind zur freien Entfaltung hat, desto leichter fällt die Antwort: „Entscheide selbst, was du tun möchtest.“

Mehr Verantwortung für Ihr Kind – das ist ein Wagnis. Viele Eltern fragen ängstlich: „Kann ich denn sicher sein, daß mein Kind nicht den ganzen Tag schreit? Daß es wirklich genug ißt? Daß es nicht jeden Tag im Schlafanzug in den Kindergarten geht? Daß es seine Hausaufgaben auch ohne meinen Druck macht? Daß es nicht den ganzen Tag herumhängt?“ – Trauen Sie Ihrem Kind nicht zu, daß es all diese Entscheidungen selbst treffen kann? Rechnen Sie bei Ihrem Kind immer mit dem Schlimmsten? Dann wird es mit großer Wahrscheinlichkeit auch eintreten. Ihr Kind spürt Ihr Mißtrauen und wird dadurch entmutigt.

Ihre Botschaft muß lauten: „Ich weiß, daß du das ganz allein entscheiden kannst. Ich vertraue darauf, daß du es richtig machst.“ Ob Sie es laut aussprechen oder nicht – Ihr Kind spürt diese Grundhaltung. Ihr Vertrauen hilft Ihrem Kind sehr, eigene Entscheidungen zu treffen und Verantwortung zu übernehmen.

Feste Rituale einführen

„Klappt bei Ihnen zu Hause irgendetwas auch ohne Streß und Theater?“ – Nach kurzem Nachdenken können mir alle Eltern, auch die wirklich verzweifelten, einige Dinge aufzählen. Meistens handelt es sich um immer wiederkehrende Abläufe. Sie sind so selbstverständlich in der Familie, daß sie nicht mehr diskutiert werden müssen. Sie sind zu „ungeschriebenen Gesetzen“ geworden und den Kindern „in Fleisch und Blut“ übergegangen. Gemeint sind solche Kleinigkeiten wie das schon erwähnte Anschnallen im Auto, Schuhe ausziehen beim Betreten der Wohnung, Hände waschen vor dem Essen, Zähne putzen vor dem Schlafengehen, begrüßen und verabschieden von Gästen und ähnliches mehr. Welche „ungeschriebenen Gesetze“ gibt es bei Ihnen? Wie schaffen Sie es, daß sie auch eingehalten werden?

Das klappt nur, wenn **alle** in der Familie sich daran halten. Ein Beispiel: Sie können Ihren Sohn nur dazu bringen, sich auf die Toilette zu setzen, wenn der Vater es auch tut. Oder: „Jeden Morgen wird ein gesundes Frühstück eingenommen" – das kann nicht zum Ritual werden, wenn Sie selbst mit einer Tasse Kaffee und einer Zigarette vorlieb nehmen.

Nicht alle Rituale sind gut. Wir Eltern haben für unsere Kinder viele alte Zöpfe abgeschnitten, die uns noch vertraut waren: „Nimm die Ellbogen vom Tisch! Mach gefälligst einen Diener! Beim Essen spricht man nicht! Kinder haben zu schweigen, wenn Erwachsene reden!" Selbst die Prügelstrafe nach kindlichen „Vergehen" war in vielen Familien ein Ritual.

Gut sind dagegen Rituale, die die Gemeinsamkeit und den Zusammenhalt der Familie fördern. Dazu gehören auf jeden Fall **gemeinsame Mahlzeiten**! Wenn es irgendwie möglich ist, sollte sich die ganze Familie mindestens einmal am Tag zusammen an den Tisch setzen – zum Essen und zum Reden! Wenn jeder sein eigenes Süppchen kocht, das Mittagessen in mehreren Partien per Mikrowelle stattfindet und abends jeder seinen Teller mit aufs Zimmer nimmt oder vor den Fernseher stellt, geht viel Gemeinsamkeit verloren. Genau so wichtig ist ein regelmäßiges Abendritual: immer die gleiche Zeit, immer der gleiche Ablauf. Steht am Ende die gemeinsame Geschichte oder ein gemeinsames Spiel, kann sich das Kind auf einen schönen Abschluß des Tages verlassen und freuen.

Auch kleine Pflichten im Haushalt können zu Ritualen werden. Das eigene Bett machen, die Spülmaschine ausräumen, den Tisch decken – schon sehr kleine Kinder können diese Aufgaben bewältigen. Das klappt am besten, wenn jeder zu einer festen Zeit eine festgelgte, immer gleiche Aufgabe bekommt.

Eine Mutter von drei Jungen im Alter von 6, 8 und 10 Jahren erzählte mir: „Meine Jungen übernehmen das Tischdecken, das Abräumen und Einräumen in die Spülmaschine ganz allein. Wir haben das Geschirr so eingeordnet, daß sie an alles heranreichen können. Jeder hat zweimal pro Woche Tischdienst, an festgelegten

Tagen. Sonntags ist der Papa an der Reihe. Oft muß ich mich zusammenreißen, weil alles viel schneller gehen würde, wenn ich es selbst mache. Anfangs haben sie auch immer wieder versucht, sich zu drücken. Aber mittlerweile gibt es keine Diskussionen mehr. Es klappt einfach."

Ein alleinerziehender, berufstätiger Vater von zwei Kindern (9 und 11 Jahre alt), fand folgende Lösung: „Wir setzen uns einmal pro Woche zusammen und legen einen Haushaltsplan fest. Wie in einer Wohngemeinschaft schreiben wir auf, wer für welche Tätigkeit verantwortlich ist. Der Plan hängt in der Küche. Es klappt nur, wenn sich alle an die Vereinbarung halten, sonst müssen alle die Folgen tragen. Diese Erfahrung haben die Kinder ein paarmal gemacht. Deshalb halten sie sich jetzt meistens daran."

Rituale sind besonders leicht einzuführen, wenn nicht nur die eigene Familie, sondern das gesamte Umfeld mitmacht. Ein gutes Beispiel ist eine gesellschaftlich völlig akzeptierte Sitte in Schweden, die mir eine schwedische Mutter so schilderte:

„Bei uns zu Hause bekommen Kinder in der ganzen Woche keine Süßigkeiten. Niemals käme in einem Geschäft oder in der Verwandtschaft jemand auf die Idee, ihnen welche anzubieten. An den Kassen der Supermärkte ist nichts Süßes zu finden. Die Kinder freuen sich allerdings auf den Samstag, denn am Samstag gibt es „Lördagsgodis" – die Samstags-Süßigkeits-Tüte. Am Samstag – und nur am Samstag! – dürfen Süßigkeiten gegessen werden. Das darf dann sogar eine ganze Tüte voll sein. Die gibt es fertig verpackt am Freitagnachmittag in den Geschäften. Am Sonntag verschwindet die Tüte wieder. Mit ihr verschwindet das Thema „Süßigkeiten", bis zum nächsten Samstag. Diskussionen über dieses Thema sind überflüssig. Fast alle Familien in Schweden halten

sich daran. Die Zahnärzte sind begeistert: Kaum ein Kind hat Karies."

Zeit für Zuwendung geben

Je mehr Aufmerksamkeit Sie Ihrem Kind aus freien Stücken schenken, desto weniger muß es um Ihre Aufmerksamkeit kämpfen. Je schwieriger Ihr Kind ist, desto entscheidender ist: Sie merken auch, wenn es mal gut läuft, und lassen das Ihr Kind spüren. Die Amerikaner haben dafür eine passende Redewendung: „Catch them being good" – was ungefähr bedeutet: „Pack' es bei seinen Vorzügen!"

Sie können sich zum Beispiel einfach mal dazusetzen und zuschauen, wenn Ihr „Wirbelwind" ausnahmsweise konzentriert mit Legosteinen spielt. Sie können es auf den Arm nehmen und mit ihm kuscheln, wenn es gerade besonders gute statt besonders schlechte Laune hat – Sie haben beide mehr davon. „Ich freue mich, daß es dich gibt!" – Diese Botschaft ist für Ihr Kind lebenswichtig und kann wirklich von Herzen kommen, wenn Sie sie in einem harmonischen, friedlichen Augenblick aussprechen oder ohne Worte zum Ausdruck bringen. Eine kleine Geste, ein Kuß, ein liebevoller Blick oder eine spontane Umarmung sind oft ebenso wirksam wie ein Lob.

Zeit für Zuwendung ist aber auch ganz unabhängig vom Verhalten Ihres Kindes notwendig. Sie können Ihrem Kind ein kostbares Geschenk machen:

- Führen Sie ein Ritual ein: Schenken Sie Ihrem Kind einmal am Tag Ihre Zeit und Ihre Zuwendung. Entscheiden Sie, wann Ihnen das im Tagesablauf am besten möglich ist. Ob Sie die Zeit auf 10 Minuten begrenzen oder auf eine Stunde ausdehnen, hängt von Ihren Möglichkeiten und von der Anzahl Ihrer Kinder ab. Wichtiger als die Anzahl der Minuten ist die Regelmäßigkeit. Viele Eltern nehmen diese Zeit deshalb ins Abendritual auf. Schenken Sie Ihrem Kind seine 10, 30 oder 60 Minuten möglichst täglich. Sie wissen bereits: Rituale dulden nur seltene Ausnahmen.

- In dieser Zeit sind Sie nur für Ihr Kind da. Sie ordnen sich ganz seinen Bedürfnissen und Wünschen unter. Erklären Sie ihm: „Jetzt bist du der Chef. Du darfst alles bestimmen. Ich mache alles mit." Ihr Kind darf aussuchen, was in dieser gemeinsamen Zeit passiert: ob Sie mit ihm lesen, spielen, schmusen oder ihm einfach nur beim Spielen zuschauen. Welches Buch, welches Spiel, worüber geredet wird – all das entscheidet Ihr Kind. Fernsehen und – je nach Tageszeit – wildes Toben sollten allerdings von vornherein ausgeschlossen werden.

- Für Sie gilt dabei eine wichtige Regel: Belehren, Schimpfen und Meckern sind tabu. Bestätigen und ermutigen Sie Ihr Kind, wann immer sich die Möglichkeit bietet. Hören Sie ihm zu. Tun Sie alles, damit Ihr Kind sich gut fühlt.

Stellen Sie sich vor, jemand würde **Ihnen** täglich so ein Geschenk machen: Ihnen zuhören, auf Ihre Bedürfnisse eingehen, alles an Ihnen gut finden – wäre das nicht Balsam auch für Ihre Seele? Mit Ihrer regelmäßigen freiwilligen Zuwendung erreichen Sie, daß Ihr Kind einen Kampf um Aufmerksamkeit nicht mehr nötig hat. Sie erreichen einen Zuwachs an echtem Selbstvertrauen. Außerdem: Wenn Ihr Kind einmal am Tag unangefochten der „Chef" sein darf, fällt es ihm leichter, in der übrigen Zeit Regeln und Grenzen zu akzeptieren.

Kapitel 3: Das Wichtigste in Kürze

- **Auffälliges Verhalten zahlt sich oft aus**
  Kinder bekommen gerade dann viel Aufmerksamkeit, wenn sie auffälliges, unangebrachtes Verhalten an den Tag legen. Zusätzlich können sie damit oft noch ihren Willen durchsetzen. So haben sie keinen Grund, ihr Verhalten zu ändern.

- **„Kampf um Aufmerksamkeit" – ein Kreislauf**
  Ihr Kind verhält sich auffällig. Sie reagieren mit Aufmerksamkeit für Ihr Kind. Ihr Kind lernt: Dieses Verhalten wird belohnt. Es verhält sich wieder auffällig. Sie reagieren zunehmend gereizt und widerwillig. Ihr Kind bekommt weniger spontane Zuwendung von Ihnen. Es lernt: Aufmerksamkeit muß ich mir durch auffälliges Verhalten erkämpfen...

- **Wirksame Gegenmittel machen einen Kampf um Aufmerksamkeit für Ihr Kind überflüssig**
  Sorgen Sie dafür, daß Ihr Kind durch unangebrachtes Verhalten keine Vorteile mehr hat. Hören Sie ihm zu. Verwenden Sie Ich-Botschaften. Geben Sie Ihrem Kind mehr Verantwortung. Führen Sie feste Rituale ein. Planen Sie jeden Tag eine feste Zeit für Zuwendung ein.

4

„Was machen wir bloß falsch?“ Die beliebtesten Elternfehler

In diesem Kapitel erfahren Sie...

- welche unklaren, unsicheren Reaktionen bei Eltern besonders beliebt und gleichzeitig besonders unwirksam sind

- warum feindselige Reaktionen von Eltern zu verhängnisvollen Folgen führen können

Unwirksam: Eltern reagieren unklar und unsicher

Wenn Sie alle genannten Gegenmittel einsetzen, wird der Kampf um Aufmerksamkeit für Ihr Kind weitgehend überflüssig. Vielleicht sind Sie aber noch nicht soweit, oder Ihr Kind will trotzdem nicht (zu-)hören. Vielleicht weigert es sich immer wieder, Ihre Grenzen und Regeln zu akzeptieren. Was tun Sie, um das zu ändern?

Erstaunlicherweise sind gerade die Reaktionen bei Eltern besonders beliebt und verbreitet, die wenig Erfolg bringen. Im Gegenteil: Oft fachen sie einen „Kampf um Aufmerksamkeit“ erst recht an. Die meisten Eltern merken zwar, daß ihre Methoden nicht sehr erfolgreich sind – das hindert sie aber nicht daran, immer wieder dasselbe zu versuchen, nach dem Motto: „Irgendwann muß es mein Kind doch mal kapieren.“ Wie frustrierend ist es, wenn der Erfolg auch nach dem hundertsten Versuch noch ausbleibt!

Einsicht ist der erste Schritt zur Besserung. Aus diesem Grund besprechen wir mit allen Eltern, welche Fehler im Umgang mit den Kindern besonders oft gemacht werden. Wir orientieren uns dabei an den Erfahrungen, die Lee und Marlene Canter in ihrem nur in englischer Sprache erschienenen Elternratgeber *Assertive discipline for parents*(7) zusammengefaßt haben. Wir bitten Sie: Achten Sie darauf, ob Sie Ihr eigenes Verhalten wiedererkennen!

Warum hört Ihr Kind nicht zu? Warum macht es trotz all Ihrer Bemühungen mit seinem unangemessenen Verhalten immer weiter? Die folgenden Eltern-Reaktionen ermuntern Kinder eher dazu, sich weiterhin schlecht zu benehmen. Wenn Sie ganz normale Eltern sind, wird Ihnen einiges bekannt vorkommen.

Vorhaltungen machen

Sie werfen Ihrem Kind sein schlechtes Verhalten vor: „Du hast ja immer noch nicht dein Zimmer aufgeräumt!“ – „Ist es denn wahr – du ärgerst ja schon wieder deine kleine Schwester!“ – „Dauernd hängst du vor dem Fernseher!“ – „Den ganzen Tag läufst du mit dem Schnuller im Mund herum!“ – Sehr gern werden solche Vorhaltungen ergänzt durch abwertende Bemerkungen wie: „Das ist wirklich nicht nett von dir.“ – „Das finde ich unmöglich.“ – „Du bist wirklich unerträglich.“ Zusammenfassend bemerken viele Eltern: „Du tust immer noch nicht, was ich dir sage“, oder „Du hörst mir einfach nicht zu.“

Haben Sie sich wiedererkannt? Haben Sie jemals erlebt, daß Ihr Kind nach solchen Vorhaltungen sein Verhalten spontan geändert hat? Sie sagen Ihrem Kind genau das, was es gerade tut. Allerdings weiß Ihr Kind das in der Regel sehr gut selbst. Die Einsicht, daß sein Verhalten nicht erwünscht ist, nützt nichts. Für Ihr Kind sind diese Vorwürfe nichts als „Meckern“. Es zieht daraus den Schluß: „Die mag mich nicht. Also muß ich um ihre Aufmerksamkeit kämpfen und weitermachen.“ Das gilt besonders, wenn Ihre Vorhaltungen zusätzlich noch abwertende Bemerkungen enthalten.

- **Schlußfolgerung**:
  Vorhaltungen bewirken niemals eine Verbesserung des Verhaltens.
  Sie können sie ersatzlos streichen.

Warum-Fragen

Sie fragen Ihr Kind nach den Gründen für sein unangemessenes Verhalten: „Warum räumst du nicht dein Zimmer auf?" – „Warum mußt du immer deine kleine Schwester ärgern?" „Warum hängst du ständig vor dem Fernseher?" – „Warum hast du den armen Jungen gebissen?" – Die Zusammenfassung lautet hier: „Warum hörst du mir nicht zu?" oder: „Warum tust du nicht, was ich dir sage?" – Wieder werden diese Fragen oft ergänzt durch abwertende Bemerkungen wie: „Das ist doch wirklich das Allerletzte" oder „Du raubst mir noch den letzten Nerv".

Haben Sie auf solche Warum-Fragen von Ihrem Kind jemals eine vernünftige Antwort erhalten? Die normalen Antworten lauten „darum" oder „weiß ich nicht" oder „weil ich das will". Bringt Sie das wirklich weiter? Vielleicht bekommen Sie sogar eine patzige Antwort wie „blöde Mama", oder Ihr Kind ignoriert Ihre Frage einfach. Es ist sehr unwahrscheinlich, daß Ihre Frage ein fruchtbares Gespräch in Gang bringt oder Ihr Kind zum Nachdenken anregt, und das wissen Sie selbst auch. Wir Eltern erwarten gar keine „gute" Antwort. Warum fragen wir trotzdem immer wieder „Warum..."?

Nach meiner Überzeugung drückt so eine Warum-Frage zwei Dinge aus: Erstens unseren Ärger, und zweitens unsere Hilflosigkeit. Beides ist geeignet, einen Kampf um Aufmerksamkeit in Gang zu halten. Das Kind fühlt sich durch unseren Ärger abgelehnt, und durch unsere Hilflosigkeit bekommt es „Oberwasser". Statt „Warum tust du das?" könnten wir ebensogut fragen: „Was soll ich mit dir nur machen? Ich werde nicht mit dir fertig." Ist es nicht etwas viel verlangt, wenn ausgerechnet unser Kind diese Frage für uns beantworten soll?

- **Schlußfolgerung**:
  Warum-Fragen sind nicht geeignet, das Verhalten Ihres Kindes zu verbessern. Auch Warum-Fragen können Sie ersatzlos streichen.

Bitten und Betteln

Sie bitten Ihr Kind inständig darum, sein Verhalten zu ändern: „Bitte sei doch endlich mal so lieb und räum dein Zimmer auf!“ – „Bitte sei lieb zu deiner kleinen Schwester“ – „Würdest du bitte endlich mal den Fernseher ausmachen – mir zuliebe?“ – „Du bist doch Mamis Schätzchen! Bitte hör doch jetzt mal allmählich auf zu weinen!“ Manchmal sind Eltern so verzweifelt, daß sie ihr Kind unter Tränen anflehen: „Bitte, tu was ich dir sage!“

Gegen eine freundliche Bitte ist überhaupt nichts einzuwenden. Bei einer echten Bitte hat das Kind allerdings die Wahl, darauf einzugehen – oder nicht. Wenn Sie von Ihrem Kind wirklich etwas wollen, ist eine Bitte deshalb weniger geeignet. Ist gerade ein Konflikt da, benimmt sich Ihr Kind gerade völlig inakzeptabel? In so einer Situation kommt es darauf an, daß Ihr Kind Sie ernst nimmt und spürt, daß Sie es ernst meinen. Mit einem unsicheren „bitte bitte“ dagegen machen Sie sich selbst vor Ihrem Kind klein. Sie sind regelrecht auf die Gnade und das Mitgefühl Ihres Kindes angewiesen! Eine Bitte kann Ihr Kind auch so verstehen: „Na ja, so wichtig scheint es ihr auch wieder nicht zu sein. Wenn ich nicht will, kann ich es auch bleiben lassen“.

Haben Sie Ihr Kind schon einmal unter Tränen angefleht, sich zu bessern?

Mir selbst ist etwas Ähnliches bei meinem Sohn nach einer längeren schwierigen Phase einmal passiert. Ich habe mich zu ihm auf den Boden gesetzt und weinend gesagt: „Ich mache mir große Sorgen um dich. In letzter Zeit war es so schwierig, mit dir umzugehen. Ich habe mir wirklich Mühe gegeben, aber langsam weiß ich mir keinen Rat mehr. Ich bitte dich: Zeige wieder deine guten Seiten! Ich weiß genau, daß du sie auch hast!“ – Es hat gewirkt. Das Verhalten meines achtjährigen Sohnes verbesserte sich schlagartig.

Meine Bitte war eingebettet in mehrere Ich-Botschaften, wie sie im 3. Kapitel genauer erläutert wurden. Das hat ihre Wirkung sicherlich unterstützt.

Wenn Sie Ihre Hilflosigkeit und Traurigkeit einmal offen zeigen, kann das Ihr Kind durchaus beeindrucken und eine Veränderung in Gang setzen. Allerdings darf dieses Mittel nur äußerst selten zur Anwendung kommen. Stellen Sie sich einmal vor, Sie würden Ihr Kind jede Woche oder sogar jeden Tag unter Tränen um etwas bitten! Wie sollte Ihr Kind Sie dann noch ernst nehmen? Bestenfalls hätte es Mitleid mit Ihnen. Wie könnte es sich dann aber sicher und geborgen bei Ihnen fühlen?

- **Schlußfolgerung**:
  Wenn Sie Ihr Kind um etwas bitten, müssen Sie ein „Nein" akzeptieren können. In dringenden Angelegenheiten sind Bitten weniger geeignet.

Forderungen ohne Folgen

Sie fordern Ihr Kind einmal oder mehrmals auf, etwas zu tun oder zu lassen. Ihr Kind reagiert aber nicht darauf. Und was passiert dann? – Gar nichts mehr! Ihre Forderung landet im luftleeren Raum. Dazu einige Beispiele.

***Mutter**: „Nadine, räum dein Zimmer auf! Es sieht ja fürchterlich aus hier drin!" (Nadine spielt weiter und räumt nicht auf)*
***Mutter** (kommt nach 5 Minuten wieder ins Zimmer): „Nadine, du solltest doch dein Zimmer aufräumen!"*
***Nadine**: „Ja, Mami, gleich". (Nadine spielt weiter und räumt nicht auf)*

***Vater**: „Matthias, schalte jetzt den Fernseher aus und mache deine Hausaufgaben!“*
***Matthias**: „Ja, sofort.“ (schaut weiter seine Sendung an)*
***Vater** (10 Minuten später): „Ich habe dir doch gesagt, du sollst den Fernseher ausmachen! Nie hörst du mir zu!“ (= Vorhaltungen machen)*
***Matthias**: „Immer hast du was zu meckern!“ (schaut weiter seine Sendung)*

***Mutter**: „Beatrice, gib dem kleinen Jungen sofort das Auto zurück! Es gehört dir nicht!“ (Beatrice brüllt und umklammert das Auto mit allen Kräften)*
***Mutter**: „Du bist ein kleines Biest!“ (Beatrice behält das Auto)*

Der Ablauf ist immer gleich: Die Eltern geben ihrem Kind eine klare Anweisung. Das Kind befolgt sie nicht. Die Eltern lassen die Sache damit auf sich beruhen. Sie setzen ihre Forderung nicht durch. Was lernt das Kind daraus? „Was meine Eltern von mir wollen, ist nicht wichtig. Anscheinend ist es ihnen egal, ob ich es mache oder nicht.“

- **Schlußfolgerung**:
  Forderungen ohne Folgen sind nicht nur überflüssig, sondern schädlich. Sie bewirken, daß Ihr Kind Sie nicht ernst nimmt und Ihnen nicht zuhört.

Wenn – dann: Ankündigungen ohne Folgen

Sie kündigen Folgen an für den Fall, daß Ihr Kind nicht hören will: „Wenn du jetzt nicht sofort aufräumst, darfst du heute abend nicht fernsehen,“ – oder: „Hör sofort auf, deine Schwester zu ärgern! Sonst bringe ich dich in dein Zimmer!“ – oder: „Nimm endlich den verdammten Schnuller aus dem Mund, sonst nehme ich ihn dir weg!“ – oder: „Wenn du nicht sofort deine Hausaufgaben machst, passiert etwas!“

Das Problem ist: In Wirklichkeit passiert gar nichts! Mit unserem „Wenn – dann“ wollen wir Eltern unseren Forderungen eigentlich Nachdruck verleihen. Wir hoffen insgeheim, daß die Ankündigung der Folgen schon wirken wird. Wir hoffen, daß es nicht nötig sein wird zu handeln. Leider wirken solche „leeren Drohungen“ meistens überhaupt nicht. Und nun stehen wir da: Den schreienden Fünfjährigen in sein Zimmer zu bugsieren – das kostet zuviele Nerven. Das quengelnde Kleinkind zu ertragen, obwohl es mit Schnuller sofort still ist – das ist nicht der Mühe wert. Und was soll eigentlich passieren, wenn die Zehnjährige nun immer noch nicht ihre Hausaufgaben macht? Haben wir vorher genau darüber nachgedacht?

Wahrscheinlich haben wir überhaupt nicht gut nachgedacht. Im Grunde wissen wir alle ganz genau, welchen Effekt Ankündigungen ohne echte Folgen haben: Man wird nicht mehr ernst genommen. Wenn wir diese Technik häufiger benutzen, bringen wir unseren Kindern regelrecht bei, uns **nicht** mehr zuzuhören!

Wir handeln dann wie ein Angestellter, der von seinem Chef mehr Geld fordert und hinzufügt: „Wenn ich nicht mehr Geld bekomme, kündige ich!“ Er hofft, damit seiner Forderung Nachdruck zu verleihen, will aber in Wirklichkeit seinen Arbeitsplatz keinesfalls wechseln. Der Chef aber antwortet einfach: „Gut, kündigen Sie!“ Nun steht unser Angestellter ganz schön dumm da. Bleibt er in der Firma, hat er seinem Ansehen selbst erheblichen Schaden zugefügt.

Wir Eltern bleiben in der „Firma“! Die Familie kann man nicht wechseln wie einen Arbeitsplatz. Obwohl die Nachteile dieser Methode jedem sofort einleuchten, ist sie bei Eltern äußerst beliebt. Wie schnell kommt uns ein „Wenn – dann“ über die Lippen, bevor wir über den Sinn und Unsinn der angekündigten Folgen nachgedacht haben. Oft ist der Unsinn der angekündigten Folgen schon auf den ersten Blick zu erkennen: „.Wenn ihr jetzt nicht friedlich seid, darfst du nie wieder jemanden zum Spielen einladen!“ – oder: „Wenn du das nicht aufißt, kriegst du die nächsten drei Tage nichts anderes zu essen!“

Die meisten Eltern wissen, daß sie mit dieser Art von inkonsequentem Verhalten nichts Gutes erreichen können. Trotzdem fallen sie immer wieder in die Grube, die sie sich selbst gegraben haben. Dazu eine kleine Geschichte:

Michael *ist mit 4 Jahren in den Kindergarten gekommen. Er ist ein aufgeweckter Junge und recht weit für sein Alter. Zur Überraschung seiner Eltern macht er aber nun schon seit mehreren Wochen „Theater“: Er weint und jammert jeden Morgen, daß er nicht in den Kindergarten gehen will. Eines Morgens wird es Michaels Vater zuviel. Ärgerlich sagt er: „Wenn du so ein Theater machst, können wir dich ja wieder abmelden, bei dem teueren Kindergartenbeitrag!“ Sofort ändert sich Michaels Gesichtsausdruck. Strahlend schaut er seinen Papi an: „Au ja!“ – So hatte sich Michaels Papa das nicht vorgestellt. Schnell wechselt er das Thema...*

Aus solchen Erfahrungen lernt das Kind: „Was Mama und Papa so alles sagen – das machen die sowieso nicht!“ Die Ermahnungen der Eltern gehen zum einen Ohr hinein und zum anderen wieder heraus. Irgendwann hört es überhaupt nicht mehr zu.

- **Schlußfolgerung**:
  Ankündigungen ohne Folgen sind sehr verbreitet, aber verhängnisvoll. Wenn Sie sich dabei ertappen, können Sie sich vornehmen: Beim nächsten Mal beiße ich mir rechtzeitig auf die Zunge!

Ignorieren

Sie haben zwei Möglichkeiten: Sie können das unangemessene Verhalten Ihres Kindes ignorieren, oder Sie behandeln Ihr Kind wie Luft. Im zweiten Fall ignorieren Sie Ihr Kind als Person, nicht nur sein Verhalten.

Das Verhalten eines Kindes nicht zu beachten, kann manchmal durchaus angebracht sein. Angewohnheiten wie Daumenlutschen oder Stottern, gelegentliches Verwenden von Schimpfwörtern und gelegentliche Trotzanfälle werden in einigen Fällen nur dadurch zum Problem, daß die Eltern überhaupt mit Aufmerksamkeit für das Kind reagieren. Werden diese Verhaltensweisen dagegen gar nicht beachtet, stellt das Kind sie oft von selbst wieder ein. Das Ziel, damit in den Mittelpunkt der Aufmerksamkeit zu gelangen, wurde schließlich nicht erreicht.

Bei besonders unangebrachtem oder besonders häufig gezeigtem Verhalten liegt die Sache anders. Stellen Sie sich vor: Sie füttern Ihr knapp zweijähriges Kleinkind. Zum wiederholten Male spuckt es Ihnen den Spinat ins Gesicht, zuletzt wirft es mit Absicht das ganze Gläschen gegen die Wand. Oder Ihr sechsjähriges Kind tritt Ihnen gegen das Schienbein, sobald ihm etwas nicht paßt. Oder Ihr neunjähriger Sohn bedenkt Sie täglich mit Beschimpfungen, von denen „blöde Kuh" und „doofe Ziege" noch die harmlosesten sind. Was wird Ihr Kind von Ihnen denken, wenn Sie auf all das einfach nicht reagieren, sondern weiterhin ganz freundlich und „normal" mit ihm umgehen?

Wahrscheinlich wird es denken: „Der ist anscheinend völlig egal, wie ich mich benehme. Also kann ich tun und lassen, was ich will." Und es wird die Achtung vor Ihnen verlieren. Wer sich von seinem Kind behandeln läßt wie „der letzte Dreck", erntet nicht Dankbarkeit für seine „Großzügigkeit", sondern Verachtung. Das Kind macht denselben Denkfehler wie die meisten Erwachsenen. Es denkt: „Wer sich schlecht behandeln läßt, muß doch selbst schlecht sein! Er hat es nicht anders verdient!"

Das Ignorieren von extrem schlechtem Benehmen hat noch eine fatale Kehrseite: Irgendwann platzt jeder Mutter und jedem Vater der Kragen. Das

„Ignorieren“ schlägt urplötzlich um in einen Wutanfall oder eine überstrenge Bestrafung, bei der die Eltern außer Kontrolle geraten.

Mich erinnert das Thema „Ignorieren“ an meine eigene Schulzeit. Wir hatten – wie die meisten von Ihnen sicherlich auch – einen Lehrer, der gleichbleibend nett war. Wir durften bei ihm Kaugummi kauen, Comics lesen, stricken, uns unterhalten, während der Klassenarbeiten die Hefte austauschen – er sagte nie etwas. Er ignorierte unser schlechtes Benehmen. Nach und nach wurden wir immer dreister. Kaum jemand kümmerte sich um seinen Unterricht. Wir nahmen ihn nicht ernst. Ab und zu bekam er aus heiterem Himmel einen Tobsuchtsanfall und schrie uns an. Das machte ihn in unseren Augen nur noch lächerlicher. Als er dann versuchte, sich mit besonders schlechten Noten an uns zu rächen, hatten wir für ihn nur noch Verachtung übrig.

Manche Eltern gehen noch einen Schritt weiter. Sie ignorieren nicht nur das Verhalten ihres Kindes. Sie behandeln ihr Kind wie Luft: Sie tun so, als ob es gar nicht da wäre. Diese Methode wird manchmal auch als „Liebesentzug“ bezeichnet. Im Extremfall kann es passieren, daß Eltern mit ihrem Kind tagelang kein Wort reden in der Hoffnung, es werde dann irgendwann „zur Besinnung kommen“.

Häufiger sind wahrscheinlich solche Szenen:

Ihr Kind sollte eigentlich schon längst im Bett liegen. Es kommt aber immer wieder zu Ihnen ins Wohnzimmer. Sie entschließen sich, es überhaupt nicht mehr zu beachten, egal, was es tut. – Oder: Beim Abendessen wollen Sie sich mit Ihrem Partner über etwas Wichtiges unterhalten. Ihr Kind fällt Ihnen immer wieder ins Wort. Sie tun so, als ob es gar nicht mit am Tisch sitzt, und unterhalten sich ruhig weiter. – Ein letztes Beispiel: Sie hatten mit Ihrem Kind Krach wegen der Hausaufgaben. Als Ihr Kind zum wiederholten Mal mit seinem Heft zu Ihnen kommt und Sie etwas fragen will, nehmen Sie es einfach nicht mehr zur Kenntnis.

Was bewirkt dieses Verhalten bei Ihrem Kind? Hat Sie schon einmal jemand mit Nicht-Beachten bestraft? Was war das für ein Gefühl? Nach meiner Überzeugung liegt im Nicht-Beachten einer Person etwas Feindseliges. Die Botschaft „Du bist Luft für mich“ ist schlimmer als „Ich mag dich nicht.“ Aus diesem Grund führt dieses Ignorieren fast nie dazu, daß Kinder etwas „einsehen“ und sich besser benehmen. Im Gegenteil: Ignorieren der Person ist ein sicheres Mittel, einen Kampf um Aufmerksamkeit anzuzetteln. Das Kind steigert sein unmögliches Benehmen so lange, bis die Eltern reagieren müssen. Wenn das Kind lange provoziert hat, kann die Reaktion der Eltern besonders heftig und feindselig ausfallen.

- **Schlußfolgerung**:
  Ignorieren ist in den meisten Fällen kein geeignetes Mittel, das Verhalten Ihres Kindes zu verbessern. Es kann einen Kampf um Aufmerksamkeit anfachen und die Beziehung zwischen Eltern und Kind verschlechtern.

Haben Sie sich bei einigen der genannten „Elternfehler“ wiedererkannt? Das ist kein Grund, sich Vorwürfe oder ein schlechtes Gewissen zu machen. Wahrscheinlich hatten Sie selbst bei Ihren unklaren, unsicheren Reaktionen ein ungutes Gefühl. Und – trotz aller guten Vorsätze – **es wird Ihnen immer wieder passieren**! Auch ich ertappe mich im Umgang mit meinen drei Kindern nicht selten bei einem der typischen Fehler. Manchmal schaffe ich es nicht, den Zug rechtzeitig anzuhalten, und mache weiter – obwohl ich weiß, daß es falsch ist! Nehmen Sie sich niemals vor, alles richtig zu machen! Viel wichtiger ist die Bereitschaft, eigene Fehler zu erkennen und zuzugeben – und daraus zu lernen.

Verhängnisvoll: Eltern reagieren feindselig

Feindselige Reaktionen enthalten eine ganz klare Botschaft an unser Kind. Sie lautet: „Ich mag dich nicht!“ Wir wollen diese Botschaft eigentlich gar nicht abschicken. Wir tun es nicht bewußt mit voller Absicht, sondern es passiert uns einfach. Meist haben wir uns vorher so aufgeregt, daß wir die Kontrolle über unser Verhalten verloren haben. Meist tut es uns hinterher leid. Im Grunde wissen wir ganz genau: Mit Vorwürfen, Drohungen, strengen Strafen und körperlicher Gewalt können wir unsere Kinder nicht positiv beeinflussen. Wir geben damit ein schlechtes Beispiel ab. Wir tragen dazu bei, daß die Beziehung zu unserem Kind belastet wird.

Vorwürfe und Beschimpfungen

Sie werfen Ihrem Kind schlechte Eigenschaften vor: „Du bist ja so ungeschickt! Alles machst du kaputt!“– „Du bist dümmer als die Polizei erlaubt!“– „Du bist ein gemeiner Lügner!“. Oder Sie verallgemeinern noch mehr: „Du bist einfach unerträglich!“ – „Ich halte es mit dir nicht mehr aus!“ – „Du machst mich krank!“ – „Wegen dir kriege ich noch einen Herzinfarkt!“

Mit solchen Vorwürfen üben Sie nicht etwa berechtigte Kritik am **Verhalten** Ihres Kindes. Vielmehr zeigen Sie ihm, daß Sie es als **Person** ablehnen und verachten. Was löst das bei Ihrem Kind aus? Sicherlich nicht den Vorsatz, sein Verhalten zu bessern. Stattdessen wird es seine Bemühungen im Kampf um Aufmerksamkeit verstärken. Zusätzlich können negative Gefühle entstehen: Schuldgefühle und der Wunsch nach Rache. Auf das Selbstvertrauen Ihres Kindes wirken solche Beschimpfungen wie ein Vorschlaghammer. Sie zerstören schnell und gründlich.

Gesteigert wird die Wirkung noch, wenn Sie Ihr Kind anschreien. Meine Überzeugung ist: Unser Brüllen kann das Verhalten unserer Kinder nicht verbessern. Einige werden dadurch vielleicht eingeschüchtert oder verängstigt.

Für andere ist es Wasser auf die Mühlen des alltäglichen Machtkampfes: „Ich kleiner Mensch habe es geschafft, meinen großen, starken Papa zum Toben zu bringen. Außer mir schafft das keiner! Er hat total die Kontrolle verloren! Was muß ich für ein toller Kerl sein, wenn ich das hinkriege!" – Andere werden davon „taub": Sie schützen sich davor, indem sie abschalten und nicht zuhören.

Im Grunde wissen wir selbst recht gut, warum wir unsere Kinder anschreien: Wir lassen damit unseren eigenen Ärger und unsere Wut – worüber auch immer – heraus. Wir reagieren uns ab – auf Kosten unserer Kinder.

- **Schlußfolgerung**:
  Vorwürfe und Beschimpfungen nützen niemandem. Sie lösen negative Gefühle aus und zerstören das Selbstvertrauen des Kindes. Das gilt um so mehr, wenn das Kind dabei angeschrien wird.

Drohungen und Strafen

Sie kündigen sehr schlimme Folgen an für den Fall, daß Ihr Kind nicht hören will: „Wenn du jetzt nicht aufräumst, darfst du die ganze Woche dein Zimmer nicht verlassen!" – „Wenn du noch einmal deine Schwester ärgerst, kriegst du eine Tracht Prügel!" – „Wenn du dich nicht endlich besserst, kommst du ins Internat!" – Oder Sie kündigen schlimme, aber unrealistische Folgen an: „Wenn du nicht endlich mit dem Unsinn aufhörst, fährst du nie wieder mit uns in den Urlaub!" – oder: „Wenn du dich weiter mit deinem Freund streitest, darfst du nie wieder jemanden zum Spielen einladen!"

Wenn die Drohungen nicht ernst gemeint, sondern unbedacht dahergesagt sind, wirken sie wie alle Ankündigungen ohne Folgen: Ihr Kind hört Ihnen nicht mehr zu. Allerdings bemerkt es genau den feindseligen Unterton. Es fühlt sich abgelehnt. Negative Gefühle entstehen.

Ist es angebracht, die angekündigten schlimmen Folgen wirklich in die Tat umzusetzen? Natürlich nicht. Auch strenge Strafen sind feindselige

Reaktionen. Sie können Ihr Kind einschüchtern und demütigen, sie können Angst und den Wunsch nach Rache auslösen. Sie zielen darauf, ein Kind „klein“ zu kriegen, damit wir Erwachsenen in seinen Augen um so größer und mächtiger wirken. Haben wir das nötig? Sind Strafen nicht auch Ausdruck unserer Hilflosigkeit, wenn uns einfach nichts Wirksames mehr einfällt? Beschleicht uns nicht selbst oft ein ungutes Gefühl, wenn wir unsere Kinder bestrafen?

Strenge Strafen können auf zwei Arten wirken. Möglicherweise ist Ihr Kind beeindruckt. Es möchte weitere Strafen vermeiden und ändert sein Verhalten. Warum tut es das? Aus Angst, nicht aus Einsicht.

Die zweite Möglichkeit: Ihr Kind läßt sich nicht so leicht „klein“ kriegen. Es durchschaut das Spiel, erkennt Ihre Hilflosigkeit und fühlt sich eher überlegen. Es nimmt Ihre Strafen scheinbar gleichgültig hin, nutzt aber jede Gelegenheit, seine Überlegenheit im Machtkampf mit Ihnen zu beweisen. Es sinnt auf Rache.

- **Schlußfolgerung**:
  Drohungen und strenge Strafen lösen bei Ihrem Kind Angst und den Wunsch nach Rache aus. Die Beziehung zwischen Eltern und Kind wird belastet.

Körperliche Gewalt

Ist Ihnen auch schon einmal „die Hand ausgerutscht?“ Haben Sie schon einmal den Abdruck Ihrer eigenen Hand auf der Wange oder auf dem Körper Ihres Kindes gesehen? Haben Sie Ihr Kind schon einmal gepackt und geschüttelt? Haben Sie Ihr Kind schon einmal regelrecht verprügelt? Wie haben Sie sich hinterher gefühlt?

Man bekommt immer noch Sprüche zu hören wie: „Eine Tracht Prügel hat noch keinem geschadet!“ – „Ich bin auch mit Schlägen aufgewachsen, und aus mir ist trotzdem etwas geworden!“ – „Wer nicht hören will, muß fühlen!“ Ich glaube und hoffe, daß fast alle Leserinnen und Leser dieses Buches die Prügelstrafe als bewußt eingesetztes Erziehungsmittel ablehnen. Das schließt aber nicht aus, daß viele schon einmal oder mehrmals die Kontrolle über ihr Verhalten verloren und zu ihrem eigenen Entsetzen zugeschlagen haben. Fast jeder von uns hat seinem Kind schon einmal – absichtlich oder unabsichtlich – weh getan.

Es ist sehr leicht, sich auszumalen, wie körperliche Gewalt auf Ihr Kind wirkt. Stellen Sie sich vor, Sie selbst würden von einem von Ihnen geliebten Menschen, der Ihnen körperlich überlegen ist, geschlagen. Wie würden Sie sich dabei fühlen? Ganz ähnlich fühlt sich auch Ihr Kind: zutiefst verletzt und gedemütigt. Wie bei anderen strengen Strafen reagiert es darauf entweder ängstlich und eingeschüchtert, oder es stumpft gegen die Schläge ab. Kinder, die häufig geprügelt werden, scheinen auf die Dauer schmerzunempfindlich zu werden. Auch geprügelte Kinder sinnen – ähnlich wie nach anderem feindseligen Verhalten ihrer Eltern – häufig auf Rache. Nicht zu vergessen ist der Nachahmungseffekt: Die Kinder geben das weiter, was sie von uns gelernt haben.

Jeder Schlag, der Ihr Kind trifft, trifft auch Ihre Beziehung. Das Vertrauen, die Sicherheit, geliebt zu werden, die Geborgenheit – wie soll das bestehen gegenüber einem Erwachsenen, der bedrohlich seine Hand erhebt und dem Kind absichtlich Schmerzen zufügt? – Und wenn es nun einmal passiert ist? Wenn Ihnen die Hand tatsächlich einmal „ausgerutscht“ ist? Ich bitte meine Kinder um Verzeihung. Manchmal sofort, manchmal auch etwas später. Ich gebe zu: „Ich war so aufgeregt, daß ich etwas Falsches gemacht habe.“ Ich verspreche, mein Bestes zu tun, damit es mir nicht noch einmal passiert. Ich muß meinen Kindern dann allerdings zugestehen, daß sie nicht sofort vergeben und vergessen können, sondern mir noch eine Weile böse sind. Wenn mir eine der anderen feindseligen Reaktionen „passiert“ ist, handle ich genauso. Allzu oft dürfen solche Ausrutscher allerdings nicht passieren, sonst ist die Bitte um Verzeihung nicht mehr glaubwürdig.

Bekommt Ihr Kind gelegentlich „eins auf die Finger“ oder den verbreiteten „Klaps auf den Po“? Diese „Erziehungsmaßnahmen“ sind immer noch sehr beliebt. Ich halte sie für ungeeignet und bedenklich. Der Übergang vom „Klaps“ zum „Schlag“ ist fließend.

- **Schlußfolgerung**:
  Körperliche Gewalt wirkt verheerend und ist als Erziehungsmittel völlig ungeeignet.

Alle feindseligen Reaktionen – Drohungen und Beschimpfungen, schwere Strafen und körperliche Gewalt – haben etwas gemeinsam: Sie sind Ausdruck unserer Hilflosigkeit. Sie sind unsere „Rache“ am eigenen Kind dafür, daß all unsere Bemühungen bisher vergeblich waren. Und sie dienen dazu, unseren eigenen Ärger und die eigene Wut abzureagieren: Wir „lassen Dampf ab“. Ich selbst bin auch Mutter von drei Kindern und schließe mich ausdrücklich mit ein. **Alle Eltern machen schwere Fehler**. Alle Eltern haben schließlich menschliche Schwächen. Den meisten Eltern machen ihre feindseligen Reaktionen ein schlechtes Gewissen. Das hilft leider überhaupt nicht weiter. Nur eines hilft weiter: wirksame Erziehungsmethoden, die uns davor schützen, die Kontrolle zu verlieren.

Kapitel 4: Das Wichtigste in Kürze:

- **Eltern zeigen oft unklare, unsichere Reaktionen**
  Verzichten Sie in Zukunft auf
  - Vorhaltungen
  - Warum-Fragen
  - Bitten und Betteln
  - Forderungen ohne Folgen
  - Wenn-dann-Ankündigungen ohne Folgen
  - Ignorieren

  All diese Reaktionen sind nicht geeignet, Ihrem Kind Regeln zu vermitteln. Eher bewirken sie, daß Ihr Kind Ihnen nicht zuhört und Sie nicht ernst nimmt. Der Kampf um Aufmerksamkeit wird dadurch erst recht angefacht.

- **Feindselige Reaktionen belasten die Beziehung zwischen Eltern und Kind**
  Verzichten Sie in Zukunft auf
  - Vorwürfe und Beschimpfungen
  - Drohungen und strenge Strafen
  - körperliche Gewalt

  Ihr Kind lernt diese Reaktionen von Ihnen – und ahmt sie nach. Gleichzeitig können solche feindseligen Reaktionen das Selbstvertrauen Ihres Kindes zerstören und in ihm Angst und den Wunsch nach Rache auslösen.

5

Wie Kinder Regeln lernen können: Ein Plan zum Grenzen-Setzen für Eltern

In diesem Kapitel erfahren Sie...

- wie und weshalb Sie bei Ihrem Kind immer auf das Gute achten sollten
- wie Sie mit Ihrem Kind Klartext reden können
- welche Taten Sie am besten auf Ihre Worte folgen lassen
- wie Sie mit Ihrem Kind einen Vertrag schließen können

Voraussetzung: Auf das Gute achten

Im letzten Kapitel haben wir ausführlich besprochen, was Eltern alles nicht tun sollten. Sicherlich haben Sie sich schon mehrfach gefragt: „Was soll ich denn stattdessen tun? Irgendwie muß ich doch handeln!"

Nach unserer Erfahrungen hat es sich bewährt, Schritt für Schritt vorzugehen. Reicht der erste Schritt nicht aus, wird der nächste angewendet. Lee und Marlene Canter haben einen solchen Stufenplan entwickelt[7] und in den USA in zahlreichen Trainingsveranstaltungen mit Eltern und Erziehern erprobt. In unserer Praxis hat sich bei der Beratung von Eltern ein aus ihren Vorschlägen entwickelter Plan bewährt. Er ist gut nachzuvollziehen, kann einfach umgesetzt werden und besteht aus folgenden Schritten:

Voraussetzung: Auf das Gute achten

Erster Schritt: Klartext reden

Zweiter Schritt: Auf Worte Taten folgen lassen

Dritter Schritt: Einen Vertrag schließen

Wichtig für eine erfolgreiche Anwendung ist, daß die Eltern die Gründe für das auffällige Verhalten ihres Kindes verstanden und ihren eigenen Anteil daran erkannt haben.

Zunächst möchte ich Sie noch einmal an die Hinweise aus dem 3. Kapitel erinnern: Zuhören, Ich-Botschaften, mehr Verantwortung für das Kind, Zeit für Zuwendung. Sie werden damit Erfolg haben. Konflikte werden seltener entstehen. Ihr Kind wird von sich aus häufiger mit Ihnen zusammenarbeiten und Sie seltener „bekämpfen." Trotzdem wird es immer wieder Situationen geben, in denen all das nicht wirkt: Wenn Sie auf die Gefühle Ihres Kindes eingehen (Zuhören), Ihre eigenen Bedürfnisse vortragen (Ich-Botschaften), gute Argumente liefern – und Ihr Kind immer noch macht, was es will. Wenn es täglich Machtkämpfe und Diskussionen, aber keine Veränderung gibt, brauchen Eltern ein Handwerkszeug zum Grenzen-Setzen.

Voraussetzung für ein wirksames Grenzen-Setzen ist aber, daß Ihr Kind sich von Ihnen angenommen fühlt. Unbequeme Forderungen und notwendige Einschränkungen für Ihr Kind wiegen schwer. Ihre liebevolle Zuwendung ist als Gegengewicht notwendig für eine harmonische, partnerschaftliche Beziehung. Während Ihr Kind Regeln und Grenzen lernt, ist deshalb eines unumgänglich: Achten Sie auf das Gute! Nichts davon darf Ihnen entgehen!

- Schenken Sie auch und gerade dem positiven Verhalten Ihres Kindes Aufmerksamkeit!

Woher soll Ihr Kind wissen, daß Sie es gut mit ihm meinen? Daß Sie es mögen, so wie es ist? Daß Sie es liebhaben? Daß Sie ihm Vertrauen schenken? Daß Sie es brauchen? Für Ihr Kind sind diese „Selbstverständlichkeiten" lebensnotwendig. Aber sind Sie sicher, daß Sie Ihrem Kind all das deutlich genug zeigen? Ihr Kind braucht Ihre Rückmeldung – nicht nur ab und zu, sondern **täglich**. Sie haben vielfältige Möglichkeiten, Ihrem Kind positive Zuwendung zu geben.

Mut machen

- Ermutigen Sie Ihr Kind. Zeigen Sie ihm, daß Sie seinen Fähigkeiten vertrauen.

Besonders bei jüngeren Kindern vergeht kein Tag ohne Abenteuer. Pausenlos wird etwas Neues entdeckt und ausprobiert. Für Eltern ist das eine wunderbare Gelegenheit, dem Kind zu zeigen: „Ich traue dir zu, daß du es schaffst. Ich freue mich mit dir!" Leider lassen wir viele solche Gelegenheiten aus. Oft entmutigen wir unser Kind sogar, statt ihm Mut zu machen. Einige ganz alltägliche Beispiele sollen das verdeutlichen.

***Lars**, 22 Monate alt, sitzt auf dem Teppich und versucht ganz konzentriert, seine Hausschuhe anzuziehen. Schließlich hat er es geschafft. Allerdings hat er den linken und den rechten vertauscht. Er hat „Entenfüße". Stolz watschelt er zu seiner Mama.*

Was kann die Mutter aus dieser Situation machen? Sie hat zwei Möglichkeiten:

Entmutigen	**Mut machen**
Die Mutter zieht ihm die Hausschuhe sofort aus. Sie sagt: „Das ist falsch herum, mein Schatz."	Die Mutter läßt die Hausschuhe, wie sie sind. Sie sagt: „Du hast dir ganz alleine die Hausschuhe angezogen! Da freue ich mich aber! Daß du das schon kannst!"
Sie lacht: „Was hast du denn gemacht? Entenfüße! Das ist doch ganz falsch!"	Sie lacht: „Du hast ganz alleine Entenfüße gemacht! Das finde ich super. Komm, wir tanzen den Ententanz!"

***Christine**, 3 Jahre alt, ist mit ihrer Mutter auf dem Spielplatz. Zum ersten Mal traut sie sich auf ein hohes Klettergerüst.*

Entmutigen	**Mut machen**
Die Mutter nimmt sie herunter. Sie sagt: „Das kannst du noch nicht. Das ist zu gefährlich. Dazu bist du noch zu klein."	Die Mutter geht zum Klettergerüst und stellt sich so, daß sie sie auffangen kann. Sie sagt nichts. Wenn Christine oben angekommen ist, ruft die Mutter: „Toll, du hast es bis oben geschafft! Jetzt kannst du auch ganz alleine wieder herunter kommen. Ich glaube, das schaffst du auch!"

***Christian**, 5 Jahre alt, hat sich den Besen aus der Kammer geholt und fegt unbeholfen die Krümel auf dem Boden hin und her.*

Entmutigen	Mut machen
Die Mutter nimmt ihm den Besen aus der Hand und sagt: „So faßt man doch keinen Besen an! Wie ungeschickt das aussieht! Außerdem verteilst du mir die Krümel in der ganzen Küche!"	Die Mutter streichelt ihm über den Kopf. Sie schaut ihn an und sagt: „Da freue ich mich aber, daß du mir bei der Arbeit hilfst! Was sollte ich ohne dich nur anfangen!"

***Andrea**, 6 Jahre alt, ist noch nicht lange in der Schule. Mit viel Mühe hat sie einen Zettel geschrieben, den sie stolz ihrem Vater präsentiert: „PApA DU bIsD Lip".*

Entmutigen	Mut machen
Der Vater sagt: „Oh, du hast mir einen Brief geschrieben! Aber schau mal, da sind ganz viele Fehler drin!" Er nimmt einen Stift und verbessert die Fehler.	Der Vater liest den Brief, schaut seine Tochter gerührt an und sagt: „ Jetzt hast du mir zum ersten Mal einen richtigen Brief geschrieben. Darüber freue ich mich riesig! Den werde ich für immer aufheben!" Er gibt Andrea einen Kuß und sagt: „Ich habe dich auch lieb."

Unzählige Beispiele ließen sich noch hinzufügen. Alle Entmutigungen haben gemeinsam: Die Eltern betonen die Fehler des Kindes. Die Leistung und der gute Wille finden keine Beachtung. Beim Mut-Machen dagegen gilt:

- Nicht die Fehler, sondern die Fortschritte und der gute Wille werden hervorgehoben. Die Eltern zeigen ihre positiven Gefühle und ihre Freude. Dadurch entsteht Nähe. Das Kind fühlt sich angenommen. Sein Vertrauen in die eigenen Fähigkeiten wächst.

Das Gute beim Namen nennen

- Sagen Sie Ihrem Kind, was Sie an ihm gut finden!

„Loben Sie ihr Kind mindestens dreimal täglich!" Solche Ratschläge sind in jeder Zeitschrift zu finden. Einige Beispiele:

„Prima, das hast du gut gemacht!" – „Dein Bild ist ganz toll geworden!" – „So ein schweres Diktat – und fast alles richtig! Ich bin stolz auf dich!" – „So einen großen Turm hast du gebaut! Super!" – „Eine ganze Stunde lang hast du jetzt mit deinen Bauklötzen gespielt. Ich freue mich, daß du dich so schön allein beschäftigen kannst!" – „Einfach traumhaft, wie du Schlittschuhlaufen kannst! So gut werde ich das nie schaffen!" – „Das ist ja eine Überraschung: Du hast dich ganz allein angezogen!" – „Du hast ja schon den Tisch gedeckt! Das finde ich wunderbar, wenn du uns so verwöhnst."

Jedes Kind braucht solche Rückmeldungen fast so nötig wie die Luft zum Atmen. Es muß solche Sätze oft hören, damit es sich selbst gut finden kann. Ihre Eltern-Worte klingen nach und werden für Ihr Kind zu einer Art „innerer Stimme". Was Sie ihm als Kind an Lob und Bestätigung mit auf den Weg gegeben haben, kann ihm später keiner mehr nehmen. Sie können damit den Grundstein für ein gesundes Selbstvertrauen legen. Das ist sehr wichtig, denn Sie wissen aus eigener Erfahrung: Wir Erwachsenen müssen weitgehend ohne Lob und Bestätigung von anderen auskommen.

Allerdings will auch Loben gelernt sein. Ihre Worte sind besonders wirkungsvoll, wenn Sie die folgenden Hinweise beachten:

- Sagen Sie Ihrem Kind ganz genau, **was** Sie mögen!

„Du hast ganz toll dein Zimmer aufgeräumt! Sogar den Schreibtisch und das Bücherregal!" – „Dein Bild gefällt mir wirklich gut. Wie schön du die Farben ausgewählt hast! Besonders gut finde ich den Himmel." – „Du hast ja schon den Tisch gedeckt! Richtig gemütlich mit Servietten und Kerze. Das sieht sehr einladend aus."

Je genauer Sie Ihrem Kind sagen, was Sie an ihm mögen, desto besser. Ihr Kind spürt, daß Sie wirklich genau auf sein positives Verhalten achten. Ihre Anerkennung ist dann wesentlich glaubwürdiger, als wenn Sie immer nur sagen: „Das ist schön!" oder „Das hast du gut gemacht!". Sie kommen nicht in die Gefahr, achtlos und aus Routine zu loben, weil „man es eben so macht". Sie schauen genau hin, bevor Sie etwas sagen. Auf diese Weise können Sie auch eine positive Kleinigkeit aus einem nicht ganz so erfreulichen Zusammenhang herauspicken:

„Diese Reihe ist aber wirklich ganz besonders ordentlich geworden!" – Das können Sie sagen, wenn Ihr Schulkind eine Seite in seinem Heft geschrieben hat und davon genau eine Reihe gut geraten ist. Wenn Ihr Kind Ihnen scheinbar wenige Anlässe zum Loben und Bestätigen gibt, bleibt Ihnen nur diese Möglichkeit: Picken Sie positive Kleinigkeiten heraus, und melden Sie Ihrem Kind zurück: „Genau das mag ich!" Bedenken Sie: Was für andere Kinder eine Kleinigkeit ist, kann für Ihr Kind ein Riesenfortschritt oder eine tolle Leistung sein. Das Positive können Sie am besten hervorheben, wenn Sie sich auf **Ihr** Kind in seiner Entwicklung konzentrieren und es nicht ständig mit anderen – vor allem nicht mit den Geschwistern! – vergleichen.

- Lassen Sie das Gute stehen!

Wie oft kommt es vor, daß wir unsere Kinder loben und ermutigen, aber mit einem kleinen Nachsatz alles wieder zunichte machen! Mit der einen Hand bauen wir unser Kind auf und machen ihm Mut, in der anderen Hand halten wir schon den Holzhammer und schlagen auf das ein, was wir gerade aufgebaut haben:

„Diese Reihe hast du aber wirklich schön geschrieben. *Aber der Rest ist ja ein fürchterliches Geschmiere!"* – „Du hast aber schön aufgeräumt! *Sonst sieht es hier immer aus wie im Schweinestall!"* – „Ihr beiden habt euch tatsächlich jetzt 5 Minuten lang vertragen! *Das streiche ich mir im Kalender an! Normalerweise prügelt ihr euch spätestens nach 2 Minuten!"* – „Heute hast du deine Hausaufgaben ganz zügig und konzentriert gemacht. *Warum kann das nicht immer so sein?"* – „Beim Fußballspielen bist du ja ein echtes As. *Wenn es doch in der Schule nur halb so gut laufen würde!"* – „Heute bist du tatsächlich pünktlich nach Hause gekommen. *Tausendmal mußte ich es dir sagen, bis es endlich mal geklappt hat!"*

Sehr leicht kommen uns solche Nachsätze von den Lippen, und das ist schade. Machen Sie nach einem Lob einen Punkt und beißen Sie sich notfalls auf die Zunge – aber lassen Sie das Gute stehen!

- Zeigen Sie Ihrem Kind Ihr gutes Gefühl

Unter einem Lob verstehen wir meistens Sätze, in denen das Wort „du" vorkommt: „*Du* bist mutig!", „Das hast *du* gut gemacht!", „*Du* hast schön aufgeräumt." Noch wesentlich wirkungsvoller ist unser Lob, wenn wir eine Ich-Botschaft damit verbinden: „*Ich* bin sehr beeindruckt." – „*Ich* bin stolz auf dich!" – „*Ich* freue mich!" Ein „normales" Lob zeigt Ihrem Kind: „Meine Eltern sehen, was ich gut mache." Ein Lob mit einer Ich-Botschaft zeigt Ihrem Kind: „Was ich tue, ist für meine Eltern anscheinend sehr wichtig. Ich kann in ihnen gute Gefühle wecken. Wir gehören wirklich zusammen." So ein Lob schafft Nähe.

Sie können Ihre Gefühle auch völlig ohne Worte zum Ausdruck bringen. Ihr Baby sieht den Glanz in Ihren Augen, wenn Sie in manchen Momenten ganz stark Ihre Liebe und Verbundenheit empfinden. Eine spontane Umarmung, ein zärtlicher Blick, ein Lächeln, ein liebevolles Streicheln – all dies trifft Ihr Kind direkt ins Herz und wirkt auf Sie zurück: Ihr Baby lächelt Sie an, Ihr Kleinkind krabbelt auf Ihren Schoß und legt die Ärmchen um Ihren Hals, Ihr Kindergartenkind schenkt Ihnen einen stürmischen Kuß. Unsere Kinder haben die Fähigkeit, auf vielfache Weise gute Gefühle in uns auszulösen. Ein positiver Kreislauf kommt in Gang, wenn wir unseren Blick dafür offen halten und ihnen unsere guten Gefühle auch zeigen.

- **Zusammenfassung**:
  Nur, wenn Sie gleichzeitig auf das Gute achten, können Sie Ihrem Kind Regeln und Grenzen vermitteln. Ihre Ermutigung, Ihr Lob, Ihre liebevollen Gesten stärken Ihr Kind und bilden ein **notwendiges** Gegengewicht zu allen unbequemen Forderungen und notwendigen Einschränkungen, die Sie Ihrem Kind zumuten.

Erster Schritt: Klartext reden

Die Voraussetzung zum Grenzen-Setzen und Regeln-Lernen ist Ihnen klar: Sie achten bei Ihrem Kind auf das Gute – und zwar **immer**. Was können Sie noch tun? Sie können den ersten Schritt tun und Klartext reden.

Nicht immer reden wir mit unseren Kindern „Klartext“. Manchmal machen wir Spaß, manchmal ist es uns auch nicht so wichtig, ob unsere Kinder das tun, was wir sagen. Erst einmal müssen wir Eltern selbst wissen, was uns wichtig ist. Dabei sind folgende Fragen hilfreich: „Welches Verhalten stört mich bei meinem Kind am meisten? Kommt es mehrmals am Tag vor und belastet den gesamten Tagesablauf? Entstehen daraus immer neue Machtkämpfe? Welche Regel soll mein Kind zuerst lernen?“. Es ist wichtig, sich zunächst auf **ein** bestimmtes Verhalten zu konzentrieren. Unsere Kinder sollten erkennen können, wann wir es wirklich ernst meinen. Dafür brauchen sie von uns **eindeutige Signale**.

Klare Anweisungen geben

- Sagen Sie Ihrem Kind ganz genau, was es Ihrer Meinung nach tun soll. Drücken Sie sich dabei klar, knapp und verständlich aus.

Was ist damit gemeint? Eine Gegenüberstellung von unklaren, indirekten und klaren, eindeutigen Aufforderungen soll es verdeutlichen:

Unklare Aufforderung	Eindeutige Aufforderung
Schrecklich, schon wieder läuft der Fernseher! Du kriegst noch Kopfschmerzen davon!	Ich möchte, daß du den Fernseher ausschaltest!
Du bist ja immer noch nicht angezogen!	Lukas, du ziehst jetzt deine Strümpfe an!
Wie sieht es denn in deinem Zimmer aus!	Du räumst erst die Legosteine in die Kiste!
Wie oft habe ich dir gesagt, daß du deine Schwester in Ruhe lassen sollst!	Laß sofort deine Schwester los!

Erinnern Sie die unklaren, indirekten Aufforderungen an einen der im letzten Kapitel erwähnten beliebten Elternfehler, nämlich an das „Vorhaltungen-Machen"? Es ist besser, dem Kind genau zu sagen, was es tun soll, statt ihm vorzuhalten, was es mal wieder falsch macht.

Zu ungenau sind auch Aufforderungen wie „Sei lieb!", „Benimm dich!", „Sei ordentlich!". Sogar „Räum dein Zimmer auf" oder „Zieh dich an" kann zu ungenau sein: Je kleiner Ihr Kind ist, desto klarer und überschaubarer muß die Aufforderung sein.

Wichtig ist, eine Aufforderung immer positiv statt negativ auszudrücken, wie die folgende Gegenüberstellung zeigt:

Negative Formulierung	**Positive Formulierung**
Fall nicht!	Achte auf die Stufe!
Lauf nicht auf die Straße!	Geh' auf dem Bürgersteig!
Renn doch nicht weg!	Bleib ganz nah bei mir!
Laß doch nicht alles liegen!	Räume die Sachen in den Schrank!
Schrei nicht so laut!	Pssst! Sprich ganz leise!

Warum hören Kinder auf positive Formulierungen eher? Der Grund ist leicht nachzuvollziehen. Ihr Kind hört die Wörter „fallen", „wegrennen", „schreien". In seinem Gehirn sind bestimmte Vorstellungen und Bewegungsabläufe zu diesen Tätigkeiten gespeichert. In diesem Moment werden sie automatisch aktiviert. Das Wörtchen „nicht" ist zu schwach, um diese Vorstellungen wieder zu löschen. Und schon ist es passiert: Das Kind fällt, rennt weg, schreit weiter. Sie haben diese Reaktion durch Ihre Anweisung geradezu hervorgerufen! Es ist nicht ganz einfach, immer eine positive Formulierung zu finden. „Du sollst nicht..." geht uns allen wesentlich leichter von den Lippen. Lassen Sie keine Gelegenheit aus, positive Anweisungen auszuprobieren!

Eine Mutter berichtete: „Ich habe mich beim Essen immer darüber geärgert, daß meine Kinder so oft ihre Milch umgestoßen oder damit gekleckert haben. Statt ‚Klecker doch nicht so' oder ‚Paß auf, gleich kippt dein Glas um!' sage ich jetzt: ‚Kinder, laßt die Milch in der Tasse!' Das war zwar zunächst nur ein Lacherfolg, aber es klappt tatsächlich besser!"

Viele Eltern haben Probleme damit, ihren Kindern klare Anweisungen zu geben. Ihr Hauptargument: „Ich will mein Kind nicht herumkommandieren. Dieser Befehlston gefällt mir nicht. Außerdem fehlt mir das Wörtchen *bitte* dabei!" Bedenken Sie: Die klaren Anweisungen sollten Sie aufheben für ganz besondere Situationen, in denen Sie sicher sind: „Jetzt muß etwas geschehen. Es ist notwendig und sinnvoll, daß mein Kind jetzt das tut, was ich sage." Keinesfalls sollen Sie den ganzen Tag hinter Ihrem Kind her sein und es mit Befehlen und Kommandos traktieren!

Auch für jeden Erwachsenen gibt es zahlreiche Situationen, in denen er sich auf klare Anweisungen eines anderen verlassen muß. Wer etwas lernen will, befolgt Anweisungen seines Lehrers. Denken Sie z.B. an Ihre Fahrschulzeit: Ihr Fahrlehrer hat Ihnen am Anfang zu jedem Handgriff eine genaue Anweisung gegeben. Haben Sie in dieser Situation von ihm ein „Bitte" erwartet? Sie haben sich wahrscheinlich darauf verlassen, daß er Ihnen aufgrund seiner Erfahrung die richtigen Anweisungen gibt. Oder denken Sie an die verantwortliche Ärztin bei einer Operation. Sie hat das Fachwissen, die notwendigen Entscheidungen zu treffen. Auch hier wäre ein „Bitte" gegenüber den Mitarbeitern nicht angebracht. Indirekte, unklare Aufforderungen könnten sogar katastrophale Folgen haben. Ihre Anweisungen werden befolgt, weil die Mitarbeiter ihren Fähigkeiten vertrauen und ihren Wissensvorsprung anerkennen. Trotzdem kann sie zu ihren Mitarbeitern ein gutes, kameradschaftliches Verhältnis haben.

Haben Sie Ihrem Kind gegenüber nicht auch einen Vorsprung an Wissen und Erfahrung? Sollte nicht auch Ihr Kind Ihrem Wissen vertrauen und Ihre Fähigkeiten respektieren? Ist es wirklich verwerflich, wenn Sie manchmal von Ihrem Kind etwas ohne Wenn und Aber verlangen, weil Sie von der Notwendigkeit überzeugt sind? Ist es ein Problem, wenn Ihr Kind gelegentlich akzeptiert: „Ich tue, was Mama sagt, denn sie weiß, was gut für mich ist"?

Das Wort „Bitte" braucht deshalb nicht aus Ihrem Sprachgebrauch zu verschwinden. Es kann für Ihr Kind aber ein Gewinn sein, den Unterschied zwischen einer Bitte und einer klaren Anweisung zu lernen.

Daß kleine Kinder auch durchaus sinnvolle Anweisungen von Erwachsenen nicht immer respektieren, zeigt die folgende Geschichte:

> *In unserer Nachbarschaft hatte ein kleiner Junge Besuch von seinem etwa dreijährigen Freund. Beide sausten mit Begeisterung mit ihren Tretautos auf der Spielstraße herum. Der kleine Besucher kam plötzlich auf die Idee, mit seinem Tretauto nicht mehr auf der Spielstraße, sondern mitten durch den sorgfältig gepflegten Vorgarten eines Nachbarn zu fahren. Ich war zufällig als einzige Erwachsene in der Nähe. Den kleinen Jungen kannte ich nicht. Trotzdem gab ich ihm eine klare Anweisung: „Komm schnell da herunter! Die Blumen gehen kaputt!" – Der Kleine grinste mich an, sagte „Arschloch" und fuhr mit besonderem Schwung noch einmal quer durch den Vorgarten. In diesem Fall war meine klare Anweisung nicht erfolgreich. Offensichtlich hatte der kleine Junge bisher die Erfahrung gemacht: „Wenn mir ein Erwachsener etwas sagt, tue ich es erst recht nicht." Ich mußte zusätzlich handeln und sein Tretauto zurück auf die Straße stellen.*

Niemand von uns will eine Kehrtwendung zum „bedingungslosen Gehorsam", der in der Erziehung früherer Generationen von Kindern verlangt wurde. Jeder weiß, welche katastrophalen Auswirkungen diese Erziehung hatte. Vorsicht ist geboten: Auch unsinnige, willkürliche, sogar gefährliche Befehle können als klare Anweisung formuliert sein. Klare Anweisungen können – wie andere Tips und Hinweise aus diesem Buch – auch zum Schaden des Kindes mißbraucht werden. **Wir Eltern sind verpflichtet, immer das Wohl unseres Kindes im Auge zu behalten und alles zu vermeiden, was ihm körperlichen oder seelischen Schaden zufügen kann.**

- **Zusammenfassung**:
  Was ist Ihnen wirklich wichtig? Warum ist Ihnen gerade das wichtig? Wann meinen Sie es wirklich ernst? Die Antwort auf diese Fragen

kann Ihnen niemand abnehmen. Je ernsthafter Sie darüber nachgedacht haben, desto überzeugender werden Ihre klaren Anweisungen für Ihr Kind sein.

Stimme und Körpersprache kontrollieren

- Reden Sie mit ruhiger, fester Stimme.

Mindestens so wichtig wie die Wortwahl ist der Klang Ihrer Stimme: Der Ton macht die Musik. Eine leise, weinerliche, bittende Stimme hat für Ihr Kind kaum Aufforderungscharakter. Wie es bei unseren Kindern ankommt, wenn wir sie anschreien, wurde schon erwähnt: Vielleicht werden sie eingeschüchtert, vielleicht stellen sie ihre Ohren auf „Durchzug", vielleicht ahmen sie uns nach und schreien zurück. Auf jeden Fall bemerken sie: „Aha, Mama hat die Kontrolle verloren!"

Jede Mutter und jeder Vater hat schon einmal die Kontrolle über die eigene Stimme verloren und das eigene Kind angebrüllt. Bei den eigenen Kindern scheint die Hemmschwelle besonders klein zu sein, höchstens noch beim Ehepartner passiert es ebenso häufig, daß wir uns im Ton vergreifen. Eigentlich ist es erstaunlich, daß wir gerade die Menschen am ehesten anschreien, die uns am liebsten sind. Gegenüber Fremden, Freunden oder Arbeitskollegen haben wir uns wesentlich besser unter Kontrolle. Wir behandeln sie so, wie wir auch von ihnen behandelt werden wollen. Wir wissen, wie unangenehm es ist, von anderen angebrüllt zu werden. Wir wissen, wie lächerlich sich jemand macht, der seine Kollegen häufig anschreit. Daraus ziehen wir unsere Lehren. Die meisten von uns gehen noch weiter: Anderen gegenüber schlucken wir oft herunter, was uns stört. Wir ziehen es vor, höflich zu schweigen, statt offen Kritik zu äußern.

Wer sich anderen gegenüber immer gut beherrscht und kontrolliert, muß irgendwo „Dampf ablassen". Das bekommt dann die eigene Familie ab. Das eigene Kind muß manchmal unsere Wut auf alles, was uns an einem Tag schon geärgert hat, ausbaden, wenn wir es anschreien.

So ging es auch einer Mutter mit drei sehr lebhaften kleinen Kindern. Sie verlor mehrmals am Tag die Nerven und brüllte die Kinder an. Durch Haushalt und Kinder war sie verständlicherweise manchmal überfordert. Trotz der vielen Arbeit zu Hause war sie aber in mehreren Ehrenämtern engagiert und half zusätzlich noch einer Freundin beim Renovieren und Einrichten der neuen Wohnung. Zu Hause blieb dadurch vieles liegen. Ihre Begründung: „Ich konnte nicht nein sagen. Meine Freundin hätte das nicht verstanden. Ich möchte nicht unhöflich sein. Andere schaffen das doch auch alles. Wenigstens nach außen soll es doch so aussehen, als ob ich alles im Griff hätte!" – Sie mußte zuerst lernen, auch anderen gegenüber ab und zu Kritik zu äußern, auch einmal „nein" zu sagen und manchmal zuzugeben: „Das ist mir zuviel. Ich schaffe es nicht. Ich muß zuerst an meine eigene Familie denken" (Ich-Botschaften!). Erst dann war es ihr möglich, mit den eigenen Kindern kontrollierter und ruhiger zu reden.

Wahrscheinlich wird es kaum jemandem gelingen, völlig ohne Schreien und Brüllen auszukommen. Aber wenn Ihnen etwas wirklich wichtig ist, reden Sie mit ruhiger, fester Stimme. Ihr Kind kann Sie nur ernst nehmen, wenn Sie sich unter Kontrolle haben!

- Unterstreichen Sie mit Ihrer Körpersprache,
  wann Sie es ernst meinen!

Hier eine Gegenüberstellung von hilfreichen und weniger geeigneten Gesten:

Weniger geeignete Gesten	Hilfreiche Gesten
Sie rufen Ihrem Kind aus einem anderen Zimmer etwas zu.	Sie gehen ganz nah zu Ihrem Kind, bevor Sie anfangen zu reden.
Sie reden von oben herab mit Ihrem Kind.	Sie gehen hinunter in die Hocke oder auf die Knie, damit Sie mit seinen Augen auf gleicher Höhe sind.
Sie vermeiden oder erzwingen Blickkontakt.	Sie schauen Ihrem Kind in die Augen, wenn es sich nicht dagegen wehrt.
Sie packen Ihr Kind und schütteln es. Sie fuchteln mit Ihrem Zeigefinger vor seiner Nase herum.	Sie berühren Ihr Kind, z.B. an der Schulter.

Es ist wichtig, daß Sie Ihr Kind anschauen und berühren, um Ihren Worten Nachdruck zu verleihen. Das ist zugegebenermaßen nicht immer ganz einfach. Viele Kinder wollen sich gern drücken, wenn es „ernst" wird. Vielleicht dreht Ihr Kind den Kopf weg oder kneift die Augen zu. Zum Blickkontakt können Sie Ihr Kind nicht zwingen. Es wird Ihren Blick auch mit geschlossenen Augen spüren, wenn Sie nah bei ihm sind.

Was tun Sie, wenn Ihr Kind sich die Finger in die Ohren steckt oder sich die Ohren zuhält? Sie können seine Hände nehmen und es an den Händen halten, solange Sie mit ihm reden. Bedenken Sie, es geht um eine kurze, klare Anweisung, nicht um eine lange Rede! – Was tun Sie, wenn Ihr Kind nicht bei Ihnen bleibt, sondern weglaufen will? Wenn Sie es wirklich ernst meinen, darf Ihnen Ihr Kind in dieser Situation nicht entwischen. Wenn es nicht freiwillig bei Ihnen bleibt, bleibt Ihnen nichts anderes übrig: Sie halten Ihr Kind fest – so sanft wie möglich und so nachdrücklich wie nötig. Gleichzeitig schauen Sie es an und sagen ihm, was es tun soll.

Einige Leser werden nun sicherlich bedenklich die Köpfe wiegen und einwenden: „Erst soll ich mein Kind herumkommandieren – und dann soll ich es auch noch festhalten? Das grenzt ja schon an Gewaltanwendung! Dann nutze ich ja meine körperliche Überlegenheit aus!"

Mir ist es auch wesentlich lieber, wenn ein Kind freiwillig dableibt und zuhört. Aber welche Wahlmöglichkeiten haben Sie, wenn es wegläuft? Wollen Sie ihm hinterherrufen, was es tun soll? Das wird mit Sicherheit nicht klappen. Wollen Sie hinter ihrem Kind herlaufen, während Sie Ihre „klare Anweisung" geben? Es wird sich köstlich amüsieren. Reagieren Sie resignierend mit einem Achselzucken, sagen: „Na gut, dann eben nicht!" und lassen die Sache auf sich beruhen? Dann lernt Ihr Kind: „Sobald es unangenehm wird, brauche ich nur wegzulaufen!" Es wird wieder und wieder weglaufen. Es wird Ihnen nur zuhören, wann es ihm paßt – und bestimmt nicht, wenn Sie es ernst meinen.

- **Zusammenfassung**:
  Wenn Sie es ernst meinen, reden Sie mit ihrem Kind Klartext: Sie geben ihm eine klare Anweisung und sagen ihm genau, was es tun soll. Dabei reden Sie mit ruhiger, fester Stimme. Ihre Körpersprache gibt Ihren Worten noch mehr Gewicht: Sie gehen ganz nah zu Ihrem Kind, schauen ihm in die Augen und berühren es.

Technik der „kaputten Schallplatte" anwenden

- Wiederholen Sie mehrmals genau das, was Sie von Ihrem Kind wollen, ohne auf seine Widerrede einzugehen!

Die Technik der „kaputten Schallplatte" wird von Lee und Marlene Canter als „broken record" bezeichnet. Es ist eine sehr einfache Technik, die unsere Kinder alle bereits perfekt beherrschen. Wenn wir Eltern sie anwenden, schlagen wir die Kinder sozusagen mit ihren eigenen Waffen. Wie Kinder diese Technik anwenden, zeigt das folgende kleine Gespräch:

Es ist ein heißer Sommertag. Die vierjährige Annika ist mit ihrer Mutter im Dorf einkaufen.
Annika: *„Mama, krieg ich ein Eis?"*
Mutter: *„Hör mal, du hattest doch heute morgen schon ein Eis."*
Annika: *„Ich möchte aber ein Eis."*
Mutter: *„Zuviel Eis ist nicht gesund, du verkühlst dir den Bauch."*
Annika: *„Mami, ich möchte ganz dringend gerne ein Eis."*
Mutter: *„Es ist aber schon so spät, wir müssen gleich nach Hause."*
Annika: *„Komm Mama, kauf mir bitte ein Eis!"*
Mutter: *„Na gut, ausnahmsweise..."*

Wie hat Annika das geschafft? Sie hat die Argumente ihrer Mama ignoriert. Statt mit ihr zu diskutieren, wieviel Eis nun gesund oder ungesund ist und ab welcher Menge man sich den Magen verkühlt, hat sie immer wieder knapp, eindringlich und bestimmt ihren Wunsch wiederholt – wie eine Schallplatte, die einen Sprung hat und immer wieder dasselbe Stück spielt.

Die Mutter dagegen tut das, was wir Erwachsenen in solchen Situationen fast immer tun: Sie liefert Argumente. Sie diskutiert. Sie will, daß ihr Kind etwas einsieht. Das tut sie natürlich auch, wenn sie ihrerseits von ihrem Kind etwas will. Eine klare Anweisung mündet dann leicht in eine lange Diskussion. Am Ende hat die Mutter vielleicht ganz vergessen, was sie von ihrem Kind eigentlich wollte. Aus diesem Grund lieben Kinder solche Diskussionen. Außerdem sind sie eine willkommene Gelegenheit, sich die Aufmerksamkeit der Mutter zu sichern. Ein Beispiel:

Mutter *(geht in die Hocke, schaut Annika in die Augen, berührt ihre Schulter und gibt eine klare Anweisung): Annika, du räumst jetzt diese Legosteine in die Spielkiste!*
Annika: *Warum denn?*

Mutter: *Weil du sie auch ausgekippt hast.*

Annika: *Das finde ich aber gemein! Immer muß ich aufräumen! Den ganzen Tag aufräumen!*

Mutter: *Du mußt überhaupt nicht den ganzen Tag aufräumen. Aber du mußt lernen, daß du das wegräumst, was du ausgekippt hast.*

Annika: *Aber der Timmi (zweijähriger Bruder) muß nie aufräumen! Das ist voll gemein! Für den machst du das immer! Mir hilfst du nie!*

Mutter: *Der Timmi ist viel kleiner als du. Der kann das nicht allein.*

Annika: *Kann der wohl! Du hast den Timmi viel lieber als mich!*

Mutter: *Jetzt hör aber auf! Du weißt, ganz genau, daß das nicht stimmt!*

Die Diskussion läßt sich beliebig fortsetzen. Annikas Mutter bleibt ruhig. Noch macht sie keinen der vielen möglichen, im 4. Kapitel erwähnten Elternfehler. Wenn die Diskussion noch lange dauert, kann es ihr aber leicht noch passieren. Und ob am Ende tatsächlich Annika aufräumt, ist keineswegs sicher. Mit anderen Worten: Die Diskussion ist in dieser Situation nicht angebracht. Annika hat es geschafft, um die klare Anweisung ihrer Mutter einen Haken zu schlagen.

Ein anderes Beispiel. Das folgende Gespräch zwischen der dreijährigen Lisa und ihrer Mutter spielt sich so oder ähnlich fast jeden Morgen ab:

Mutter: *Lisa, zieh dich jetzt an! (klare Anweisung)*

Lisa: *Ich will aber nicht.*

Mutter: *Komm, sei lieb. Wenn du fertig bist, machen wir auch etwas Schönes zusammen.*

Lisa: *Was denn?*

Mutter: *Wir könnten zusammen ein Puzzle machen.*

Lisa: *Ich will aber kein Puzzle machen! Puzzles sind doof. Ich will fernsehen.*

Mutter: *Fernsehen am frühen Morgen! Das kommt gar nicht in Frage!*
Lisa *(weint): Nie darf ich fernsehen! Alle dürfen das! Nur ich nicht!..*
Mutter: *Das stimmt nicht. Die anderen Kinder, die ich kenne, dürfen morgens auch nicht fernsehen.*

Lisa weint mittlerweile wegen einer ganz anderen Sache, aber angezogen ist sie immer noch nicht. Meist endet es so, daß ihre Mutter sie auf den Schoß nimmt, sie tröstet und ihr dann beim Anziehen hilft, obwohl Lisa es sehr gut allein könnte. Auch hier ist die Mutter nach einer klaren Anweisung in eine Diskussion mit offenem Ende hineingeschlittert. Lisa hat diesmal mit dem Thema „Fernsehen" einen Nebenschauplatz eröffnet. Sie ist aber auch in der Lage, jedes einzelne von der Mutter herausgelegte Kleidungsstück in die Diskussion einzubeziehen – von der Socke bis zum passenden Haarband. Eine erstaunliche Leistung für eine dreijähriges Mädchen, das noch nicht in den Kindergarten geht!

Wie hätten die Mütter von Annika und Lisa die Diskussion vermeiden können? Die Technik der „kaputten Schallplatte" macht ein Hakenschlagen um eine klare Anweisung und ein Hineinschlittern in ein anderes Thema sehr unwahrscheinlich. Annika hat uns mit dieser Technik schon bekannt gemacht, als sie sich mit ihrem Wunsch nach einem Eis durchsetzen konnte.

Diesmal wendet Annikas Mutter die Technik der „kaputten Schallplatte" an:

Mutter *(geht in die Hocke, schaut Annika in die Augen, berührt ihre Schulter und gibt eine klare Anweisung): Annika, du räumst jetzt diese Legosteine in die Spielkiste!*
Annika: *Warum denn?*
Mutter: *Es muß jetzt sein: Du nimmst die Legosteine und räumst sie in die Spielkiste!*

Annika: *Das finde ich aber gemein! Immer muß ich aufräumen! Den ganzen Tag aufräumen!*
Mutter: *Komm, Annika, du räumst jetzt die Legosteine in die Spielkiste!*
Annika *(fängt an aufzuräumen und protestiert leise vor sich hin): Immer ich....*

Das Gespräch zwischen Lisa und ihrer Mutter verläuft ebenfalls ganz anders, wenn die Mutter die „kaputte Schallplatte" anwendet:

Mutter: *Lisa, zieh dich jetzt an! (klare Anweisung)*
Lisa: *Ich will aber nicht!*
Mutter: *Hier, Lisa, zuerst ziehst du dein Hemd an.*
Lisa: *Ich will aber mit dir spielen!*
Mutter: *Lisa, du ziehst jetzt dein Hemdchen an.*
Lisa *(mault, aber zieht ihr Hemd an): Gemein...*

Sie glauben nicht, daß das so einfach geht? Probieren Sie es aus! Viele Eltern stellen fest, daß sie sich häufig auf wenig ergiebige Diskussionen einlassen. Wenn sie stattdessen auf die Methode der „kaputten Schallplatte" zurückgreifen, sind sie über den Erfolg ganz verblüfft.

Im ersten Kapitel wurde die Geschichte der achtjährigen Vicky erzählt. Sie klagte vor der Schule regelmäßig über Bauchschmerzen und ging morgens bis zu zehnmal zur Toilette. Ihre Mutter hatte zwei Wochen lang mit ihr diskutiert, sie getröstet und sie letztendlich auch dreimal zu Hause behalten. Es ließ sich aber kein Anhaltspunkt für Vickys plötzliche „Angst" finden. Tagsüber und abends war sie ausgelassen und fröhlich. Deshalb beschloß ihre Mutter, Vicky auf andere Art und Weise Sicherheit zu geben. Egal, wie Vicky auch jammerte und argumentierte – ihre Mutter reagierte nun jeden Morgen gleich. Sie beugte sich zu Vicky herunter, berührte sie an der Schul-

ter und sagte liebevoll und bestimmt: „Du wirst jetzt in die Schule gehen. Ich weiß, daß du es schaffst." Wenn Vicky – wie vorher üblich – in letzter Minute zum wiederholten Mal zur Toilette gehen wollte, sagte ihre Mutter: „Du gehst jetzt los. Auf der Toilette warst du schon." Mehr sagte Vickys Mutter nicht. Manchmal wiederholte sie ihre Worte („kaputte Schallplatte"). Sie war selbst erstaunt, wie schnell sich Vickys „Bauchschmerzen" besserten. Eine Woche später ging Vicky wie vorher ohne Probleme zur Schule.

Um Mißverständnissen vorzubeugen, möchte ich klarstellen: Diskussionen zwischen Eltern und Kind sind wichtig und können durchaus mehrmals am Tag stattfinden. Diskussionen während der gemeinsamen Mahlzeiten, während des Abendrituals, während der Zeit, die Sie Ihrem Kind täglich schenken (siehe S. 64 im Abschnitt „Zeit für Zuwendung"), während einer ruhigen halben Stunde – in solchen Situationen sind sie sinnvoll und können zu einem guten Ergebnis führen. Sie haben dann Zeit zum Zuhören, können dem Kind Ihre Bedürfnisse klarmachen und Argumente liefern. Bieten Sie Ihrem Kind von sich aus solche Diskussionen an! Alle Begründungen, die Sie bei Anwendung der „kaputten Schallplatte" weggelassen haben, können Sie in solch einer ruhigen halben Stunde nachliefern. Wenn es Ihrem Kind wirklich um die Sache geht, wird es sich auch dafür interessieren.

Oft sind Diskussionen für ein Kind aber nur interessant, wenn es damit von der Sache ablenken und sich Aufmerksamkeit sichern will. In einer „ruhigen halben Stunde" fällt dieser Zweck weg. Die Diskussion ist Ihrem Kind dann wahrscheinlich gar nicht mehr so wichtig.

- **Zusammenfassung**:
  Kennt Ihr Kind Ihre Argumente schon? Waren Ihre Ich-Botschaften wirkungslos? Stehen Sie unter Zeitdruck? Ist gerade ein Konflikt da? Haben Sie das Gefühl: ‚Jetzt muß etwas passieren!'? Dann bringt eine Diskussion nichts. In diesem Fall geben Sie ihrem Kind besser eine klare Anweisung. Wenn Ihr Kind anfängt zu diskutieren,

wenden Sie die Technik der „kaputten Schallplatte" an: Wiederholen Sie mehrmals genau das, was Ihr Kind tun soll. Ignorieren Sie seine Einwände. Reagiert Ihr Kind nach dreimaliger Wiederholung immer noch nicht? Die erste Stufe unseres Plans zum „Grenzen-Setzen" haben Sie nun ausgeschöpft. Klartext-Reden allein hat nicht gewirkt. Sie gehen zur nächsten Stufe über und lassen auf Worte Taten folgen.

Zweiter Schritt: Auf Worte Taten folgen lassen

Viele Eltern kommen mit den Hinweisen zum Klartext-Reden ein ganzes Stück weiter. Besonders der Verzicht auf Diskussionen und die Anwendung der „kaputten Schallplatte" haben sich als wirkungsvoll erwiesen. Doch schon während Eltern eine klare Anweisung geben, sollten sie wissen: „Was werde ich als nächstes tun? Was passiert, wenn mein Kind mir immer noch nicht zuhört?"

Wie reagieren Sie bisher, wenn Ihr Kind Ihren klaren Anweisungen nicht folgt? Es ist nicht unwahrscheinlich, daß Ihnen einer der verbreiteten Elternfehler unterläuft: Vorhaltungen machen, Warum-Fragen, Ankündigungen ohne Folgen, Drohungen und Beschimpfungen, strenge Strafen oder Schlagen. Diese Reaktionen entstehen in einem Konflikt aus einem Gefühl von Wut, Ärger und Hilflosigkeit. Im Zustand äußerster Erregung fällt uns einfach keine sinnvolle Erziehungsmaßnahme ein. Deshalb gilt:

- Unsere Taten, die wir auf Worte folgen lassen, sollten wir rechtzeitig und sorgfältig überlegen und planen.

- Unsere Taten sollen nicht bestrafen, sondern Grenzen setzen. Sie sollen dem Kind klarmachen: „Stop! Dieses Verhalten kann ich nicht zulassen!" Wir reden deshalb nicht von Strafen, sondern von Folgen oder Konsequenzen.

- Damit unsere Taten wirken, müssen wir eines beachten: Konsequenzen sollen für unser Kind unerwünscht und unangenehm sein, **wir dürfen ihm damit aber niemals psychischen oder körperlichen Schaden zufügen!**

- Wir können unsere Taten dem Kind gegenüber wie folgt begründen: „Ich habe dich lieb. Du bist mir sehr wichtig. Deshalb kann mir dein schlechtes Verhalten nicht egal sein. Es muß sich ändern. Ich werde dich dabei unterstützen."

Welche Konsequenzen bei welchem Verhalten in welchem Alter sinnvoll sind – diese wichtige Frage kann kaum erschöpfend beantwortet werden. Wir wagen jedoch wieder ganz konkrete Hinweise. Dabei stützen wir uns nicht nur auf unsere Erfahrung, sondern auch auf neuere Forschungserkenntnisse aus der Kinderpsychologie(8).

Lernen aus den logischen Folgen

In diesem Punkt sind sich ausnahmsweise einmal alle Experten einig: Je klarer ein Zusammenhang zu erkennen ist zwischen dem unerwünschten Verhalten des Kindes und den Konsequenzen – desto besser. Das Kind bekommt die Gelegenheit, aus den Folgen seines eigenen Verhaltens zu lernen: Es wird „aus Schaden klug". Es lernt, selbst Verantwortung zu übernehmen. Einige Beispiele sollen verdeutlichen, was gemeint ist.

***Jonas**, 11 Monate alt, hatte eine unangenehme Angewohnheit: Nachts gegen 1 Uhr wachte er auf und weinte. Mindestens die nächsten zwei Stunden blieb er wach. Die Eltern konnten tun, was sie wollten, er schlief einfach nicht vor 3 Uhr wieder ein. Allerdings holte er den nachts versäumten Schlaf morgens nach: Vor 9 oder 10 Uhr wachte er nicht auf. Jonas kam abends gegen 20 Uhr ins Bett. Kinder in seinem Alter brauchen normalerweise nachts etwa elf Stunden Schlaf. Die natürliche Konsequenz war also, Jonas um 7 Uhr morgens zu wecken. Von der dritten Nacht an schlief er durch. Er hatte die Regel gelernt: „Die Nacht ist zum Schlafen da."*

Ein anderes Beispiel:

Daniel, *2 Jahre alt, ging gerne mit seiner Mutter in der Fußgängerzone spazieren. Zu ihrem Leidwesen riß er sich häufig von ihrer Hand los und rannte weg. Immer wieder mußte seine Mutter hinter ihm herrennen und ihn „einfangen". Daniel hatte seinen Spaß, seine Mutter fand es irgendwann gar nicht mehr komisch. Sie beschloß zu handeln. Wie immer nahm sie den Buggy mit in die Stadt. Daniel durfte aber an ihrer Hand gehen. Sie gab ihm mehrmals die klare Anweisung: „Bleib schön nah bei mir!" Trotzdem lief er nach fünf Minuten zum ersten Mal weg.*

In diesem Fall sind zwei logische Folgen denkbar: Die Mutter könnte ihn, falls die Straße autofrei ist, laufen lassen und im Auge behalten. Erst wenn er sie besorgt anfängt zu suchen, könnte sie zu ihm gehen und nochmals wiederholen: „Jetzt bleibst du ganz nah bei mir." Wenn er sich allein unwohl gefühlt hat, wird er nun wahrscheinlich nicht mehr weglaufen. Daniels Mutter bevorzugte die zweite Möglichkeit:

Sie nahm ihren Sohn und schnallte ihn im Buggy fest. Zuerst schrie Daniel. Als er sich beruhigt hatte, durfte er wieder alleine laufen. Diesmal blieb er in ihrer Nähe. Von da an handelte Daniels Mutter jedesmal so, bis Daniel die Regel gelernt hatte: „Wenn ich alleine laufen will, muß ich bei Mama bleiben."

Das folgende Beispiel wurde am Anfang des Buches (S. 20) schon einmal erwähnt:

Carola *war dreieinhalb und machte beim Essen regelmäßig „Theater". Die Mahlzeiten zogen sich über eine Stunde hin. Carola wurde gefüttert und brauchte zusätzlich Ablenkungen wie Fernsehen oder Bilderbücher, um überhaupt etwas zu sich zu nehmen. Der Tag* *war bestimmt durch Auseinandersetzungen zum Thema Essen. Ihre Mutter war regelrecht besessen von dem Gedanken, ihre Tochter sei zu dünn. Deshalb ließ sie keine Gelegenheit aus, ihr irgendwie Nahrung einzuflößen. So hatte sie z.B. bei jedem Spaziergang Brotkügelchen in der Tasche, die sie ihrer Tochter in unbemerkten Augenblicken in den Mund stopfte.*

Wie konnte in diesem Fall „Lernen aus den Folgen" aussehen? Auf keinen Fall ist es sinnvoll, einem Kind gegen seinen Willen Nahrung einzuflößen. Niemand darf zum Essen gezwungen werden, weder mit irgendwelchen Tricks, noch mit Gewalt. Das kann bedenkliche Auswirkung haben. Carola z.B. hatte sich angewöhnt, oft zu erbrechen. Bei jüngeren Kindern kommt es sogar vor, daß beim allzu heftigen Füttern mit dem Löffel das zarte Gaumenzäpfchen verletzt wird! Für das richtige „Lernen aus den Folgen" kommt eher die gegenteilige Methode in Frage:

- **Begrenzen** Sie die Zeiten, an denen Essen angeboten wird.
- Wählen Sie aus, **was** Sie anbieten wollen.
- Überlassen Sie Ihrem Kind, **wieviel** es zu sich nehmen möchte.
- Essen Sie **gemeinsam** mit dem Kind. Richten Sie Ihre Aufmerksamkeit auf Ihre eigene Mahlzeit, nicht auf die des Kindes!
- Während der Mahlzeit bleibt Ihr Kind auf seinem Platz **sitzen**.
- **Ablenkungen**, die über ein normales Gespräch hinausgehen, sind **nicht sinnvoll**.

All diese Punkte wurden mit Carolas Mutter besprochen. Zunächst aber mußte der Kinderarzt sie überzeugen, daß Carola nicht „zu dünn" war. Von Geburt an war sie zwar leichter als der Durchschnitt gewesen. Sie hatte jedoch immer stetig und gleichmäßig zugenommen. Die Gewichtskurve im Vorsorge-Untersuchungsheft zeigte das ganz deutlich. Carola war ein gesundes Mädchen, körperlich fit und beweglich. Sie wußte selbst, wieviel

Nahrung sie brauchte. Der Mutter das verständlich zu machen, war der wichtigste und schwierigste Teil der „Behandlung".

Nach der Beratung überließ es Carolas Mutter ihrer Tochter, wieviel sie essen wollte. Die Mahlzeiten wurden festgelegt und auf 15 Minuten begrenzt. Dann wurde der Tisch abgeräumt. Erst bei der nächsten Mahlzeit bekam Carola wieder etwas angeboten. Sie durfte zwischendurch Obst essen, soviel sie mochte. Ablenkungen wie Fernsehen oder Bilderbücher wurden bei den Mahlzeiten nicht mehr zugelassen.

Vier Tage lang nahm Carola extrem wenig zu sich. Erst dann lernte sie offensichtlich aus der Erfahrung: „Wenn ich nichts esse, bekomme ich Hunger. Hunger ist ein unangenehmes Gefühl. Zwischendurch bekomme ich nichts zu essen. Wenn ich das unangenehme Gefühl ‚Hunger' vermeiden will, bleibt mir nichts anderes übrig: Ich muß während der Mahlzeiten etwas essen." – Carola aß zwar insgesamt nicht mehr als vorher. Es fanden aber keine Machtkämpfe mehr statt. Sie hatte die Regel gelernt: „Mami entscheidet, was auf den Tisch kommt, wann gegessen und wann abgeräumt wird. Ich entscheide, was und wieviel ich essen will."

Ein weiteres Beispiel, das schon am Anfang des Buches erwähnt wurde (S. 20):

***Miriam**, 6 Jahre alt, trödelte jeden Morgen beim Anziehen. Zwei- bis dreimal in der Woche ging sie nicht in den Kindergarten, weil sie nicht rechtzeitig fertig wurde. Das störte sie allerdings überhaupt nicht.*

Es liegt auf der Hand, wie in diesem Fall „Lernen aus den Folgen" aussehen kann:

Miriams Mutter redete mit ihrer Tochter Klartext und wandte die Technik der „kaputten Schallplatte" an: „Du ziehst dich jetzt an. Ich bringe dich auf jeden Fall pünktlich in den Kindergarten". Es half nicht. Miriam saß im Schlafanzug auf dem Fußboden und rührte sich nicht. Die Mutter verließ den Raum und reagierte auf das Rufen ihrer Tochter nicht mehr. Alle 5 Minuten kam sie von da an in Miriams Zimmer zurück und sagte jedesmal: „Miriam, brauchst du meine Hilfe? Wenn der Zeiger hier ist, gehen wir los." Miriam glaubte ihrer Mutter nicht. Sie schimpfte und heulte und zog sich nicht an. Zur verabredeten Zeit nahm Miriams Mutter ihre Tochter an die Hand und brachte sie zum Auto – im Schlafanzug. Ihre Sachen nahm sie mit ins Auto. Im Auto zog sich Miriam schnell wie der Blitz an. Sie schimpfte wie ein Rohrspatz, wie gemein doch die Mama sei. Ihre Mama sagte gar nichts. Vom nächsten Tag an reichte das „Klartext-Reden" aus. Miriam hatte aus den Folgen gelernt.

Ob Sie es glauben oder nicht: Im Kindergartenalter funktioniert diese Methode **immer**. Nur sehr selten kommt es dazu, daß ein Kind tatsächlich im Schlafanzug das Haus verläßt. Die Eltern müssen allerdings innerlich bereit sein, notfalls so weit zu gehen. Das spüren die Kinder. Sie entschließen sich meist in der letzten Sekunde, sich doch noch fertig zu machen.

Ein ähnliches Beispiel kann ich von einer Auseinandersetzung erzählen, die ich kürzlich mit meiner sechsjährigen Tochter hatte. Ich hatte für sie einen Termin beim Friseur gemacht. Sie war damit einverstanden gewesen. Als wir losfahren wollten, fing sie an zu schreien und weigerte sich mitzukommen. Ich schaute sie an und sagte ganz ruhig: „Wir haben einen Termin beim Friseur, und ich bringe dich auf jeden Fall pünktlich dorthin. Mir macht es nichts aus, wenn du die ganze Zeit weinst, und die Friseurin ist sicher auch daran gewöhnt. Kleine Kinder weinen oft beim Friseur. Aber eins steht fest: Nur wenn du dich beruhigt hast, kannst du selbst sagen, wie deine Haare geschnitten werden sollen!" – Meine Tochter weinte unterwegs die ganze Zeit. Sobald wir den Laden betraten, hörte sie auf. Sie war kooperativ und durfte genau sagen, wie sie ihre Haare haben wollte. Anschließend war sie sehr stolz auf ihre neue Frisur.

Ein letztes Beispiel zeigt, daß bei der Auswahl von „natürlichen" Folgen auch leicht etwas schiefgehen kann:

Maximilian *war 8 Jahre alt. Seine Beziehung zur Mutter war sehr angespannt. Es fanden viele Kämpfe um Aufmerksamkeit statt. Auch die Hausaufgaben waren betroffen. Mit der Mutter hatte ich besprochen, wie sie mit ihrem Sohn Klartext reden und die Technik der „kaputten Schallplatte" anwenden sollte. – Nun saß sie wieder einmal neben ihrem Sohn bei den Hausaufgaben und ärgerte sich darüber, daß er unkonzentriert war und die ganze Zeit mit einem Stapel Fußballkarten hantierte. Dreimal forderte sie ihn auf: „Leg jetzt die Fußballkarten weg." Es half nicht. Nun mußte die Mutter handeln. Leider hatte sie nicht vorher überlegt, was sie als nächstes tun würde. Sie entschied aus ihrem Gefühl des Ärgers und der Enttäuschung heraus. Und was tat sie? Sie nahm die Fußballkarten und riß sie in der Mitte durch. Maximilian weinte bitterlich. Lange hatte er gespart und getauscht, bis er seine Lieblingsstars zusammen hatte, und nun war alles zerstört.*

Was hätte Maximilians Mutter stattdessen tun können? Die Karten störten Maximilian wirklich in seiner Konzentration. Es war durchaus eine „natürliche Folge", sie aus dem Verkehr zu ziehen. Aber es hätte ausgereicht, ihm die Karten so lange wegzunehmen, bis er mit den Hausaufgaben fertig war.

Wenn Ihr Baby oder Ihr Kleinkind nicht das tut, was es soll, gibt es oft nur eine natürliche Konsequenz: Sie müssen mit sanftem körperlichen Druck

„nachhelfen". Wenn Ihr Baby sich beim Wickeln dreht und wälzt, halten Sie es fest. Wenn Ihr Zweijähriger sich einer Gefahrenquelle nähert, nehmen Sie ihn und holen ihn dort weg. Weigert sich Ihre Dreijährige, die Treppe hinauf Richtung Schlafzimmer zu gehen, können Sie sie entweder schieben, ziehen oder tragen. Weigert sie sich, den Mantel anzuziehen, während Sie unter Zeitdruck stehen? Es wird Ihnen nichts anderes übrig bleiben, als „nachzuhelfen".

In unserer Familie ist die Frage „Freiwillig oder mit Gewalt?" zum geflügelten Wort geworden. Sehr abschreckend kann unsere Art von „Gewalt" für die Kinder allerdings nicht sein, sonst würde meine sechsjährige Tochter nicht ab und zu fragen: „Mami, ich war doch heute so lieb. Kannst du mich bitte mit Gewalt ins Bett bringen?"

Manchmal ist das „Nachhelfen" weniger lustig. Oft ist es mit lautem Geschrei unseres Kindes verbunden. Wir haben das Gefühl, daß wir unserem Kind Gewalt antun, daß wir ihm „unseren Willen aufzwingen". Es ist in dieser Situation besonders schwierig, die Kontrolle zu behalten und ruhig zu bleiben. Aber gerade darauf kommt es entscheidend an.

In der folgenden Tabelle werden einige typische Verhaltensweisen und ihre möglichen natürlichen Konsequenzen gegenübergestellt:

Auffälliges Verhalten	Natürliche Konsequenz
Liona, 9 Monate alt, wacht nachts dreimal auf und trinkt jeweils eine große Flasche Milchbrei. Tagsüber trinkt sie kaum etwas.	Die nächtliche Trinkmenge wird verringert. Nach einer Woche bekommt Liona nachts nichts mehr, damit sie tagsüber ihren Hunger stillt.
Marcel, 2 Jahre alt, zerstört vor Wut sein Lieblingsauto.	Das Auto wird nicht ersetzt.
Laura, 3 Jahre, geht nicht zur Toilette, obwohl sie ihre Blase kontrollieren kann.	Sie bekommt keine Windel mehr. Entweder bleibt die Hose eine Zeitlang naß, oder sie muß sich allein umziehen.
Die 3jährige Carola verweigert das Mittagessen.	Sie bekommt erst bei der nächsten Mahlzeit wieder etwas angeboten.
Thomas, 5 Jahre alt, hat Milch umgeschüttet.	Er bekommt einen Lappen und wischt die Milch auf.
Matthias, 5 Jahre, weigert sich, seine Spielsachen vom Wohnzimmerteppich wegzuräumen.	Die Spielsachen kommen in eine Kiste und werden für mindestens eine Woche aus dem Verkehr gezogen.
Sabrina, 6 Jahre alt, fängt an zu weinen, wenn sie beim Gesellschaftsspiel mit der Mama eine Niederlage befürchtet.	Die Mutter beendet das Spiel.
Alexander, 7 Jahre, trödelt morgens trotz mehrfacher Ermahnungen.	Er kommt zu spät zur Schule.
Sara, 8 Jahre, hat im Streit der Puppe ihrer älteren Schwester einen Arm herausgerissen.	Sara muß die Puppe von ihrem Taschengeld ersetzen.

Alle natürlichen Folgen wirken nur unter einer Bedingung:

- Lassen Sie Ihre Taten für sich sprechen, aber **schweigen** Sie selbst!

Sie können Ihr Kind durchaus mit sanfter Gewalt – ruhig, aber bestimmt – die Treppe hochschieben, solange Sie dabei schweigen oder nur kurz bemerken: „Ich werde dich jetzt ins Badezimmer bringen!" Die Versuchung, ordentlich loszuschimpfen, ist groß: „Jeden Abend dasselbe Theater! Ich bin es allmählich leid! Kannst du nicht einmal freiwillig ins Badezimmer gehen? Du glaubst gar nicht, wie mir das auf die Nerven geht..." Fällt Ihnen auf, wie leicht uns solche Sätze über die Lippen kommen? Leuchtet Ihnen ein, daß das wortlose Handeln wesentlich wirkungsvoller ist?

Sobald Sie Ihre Taten mit Schimpfen oder Vorhaltungen begleiten, klappt das Lernen aus den logischen Folgen nicht mehr so gut. Es wird überlagert von einem Machtkampf zwischen Ihnen und Ihrem Kind. Noch einige Kostproben von sehr naheliegenden, aber überflüssigen Kommentaren zu den logischen Folgen:

Logische Folge	**Überflüssiger Kommentar**
Sabrinas Mutter beendet **wortlos** das gemeinsame Spiel, nachdem Sabrina angefangen hat zu heulen.	Sabrinas Mutter schimpft: „Meinst du, mir macht das Spaß, mit dir zu spielen, wenn du dauernd heulst?"
Laura bekommt keine Windel mehr. Wenn die Hose naß ist, sagt ihre Mama: „Du weißt, wo neue Sachen sind." Danach **schweigt** sie.	Lauras Mutter sagt: „Das darf doch nicht wahr sein, schon wieder naß! Warum machst du das nur? Jetzt mußt du dich schon wieder umziehen!"
Thomas muß die Milch aufwischen, die er umgekippt hat. Sein Vater schaut **schweigend** zu.	Thomas' Vater sagt: „Hättest du dich mal besser in Acht genommen! Warum mußt du auch immer so ungeschickt sein!"

In diesen Beispielen ist Schweigen Gold, aber Reden ist schlechter als Silber! Reden verwandelt die logische Konsequenz doch noch in eine Strafe. Alle Nachteile der erwähnten typischen Elternfehler kommen zum Zuge. Schweigen ist schwierig, aber Übung macht den Meister!

- Meist ist es sinnvoll, logische Folgen für unerwünschtes Verhalten einfach eintreten zu lassen – statt sie vorher anzukündigen.

Stellen Sie sich vor, Sabrinas Mutter würde schon zu Beginn des Spiels sagen: „Damit eins klar ist – wenn du anfängst zu heulen, höre ich sofort auf." – Oder Thomas' Vater würde schon beim Tisch-Decken sagen: „Wenn du heute wieder deine Milch umkippst, mußt du sie aber selbst aufwischen." – Oder Carolas Mutter würde ankündigen: „Wenn du wieder nichts ißt, kriegst du nichts zwischendurch!" – Die Eltern nennen das unerwünschte Verhalten beim Namen, bevor es überhaupt aufgetreten ist. Auch hier wäre Schweigen eher angebracht. Wenn Sie überhaupt etwas sagen, dann gilt:

- Betonen Sie die logischen Folgen des **erwünschten** Verhaltens – betonen Sie das Positive!

„Wenn du dich beruhigt hast, kannst du deine Frisur selbst aussuchen." – „Wenn du dich jetzt beeilst, kommst du noch pünktlich zur Schule." – „Wenn du beim Spielen friedlich bist, können wir das ganze Spiel zu Ende machen." – „Wenn du zur Toilette gehst, kannst du den ganzen Tag mit frischen trockenen Sachen herumlaufen."

- **Zusammenfassung**:
  Geben Sie Ihrem Kind die Chance, „aus Schaden klug" zu werden. Lassen Sie es die logischen Folgen seines Verhaltens spüren. Nur dann kann es aus seinen Fehlern lernen. Bleiben Sie ruhig, und reden Sie wenig. Sie brauchen die negativen Folgen für Ihr Kind nicht anzukündigen. Lassen Sie Ihre Taten für sich sprechen!

Die Auszeit

Nicht immer ist es möglich, die Kinder einfach aus den Folgen lernen zu lassen. Was können wir noch tun, um unseren Kindern Grenzen zu setzen?

Eine der wirksamsten und am besten erforschten Konsequenzen ist die „Auszeit". Was ist damit gemeint? Das Kind wird **für kurze Zeit** „ausgegrenzt": Der Kontakt zwischen Eltern und Kind wird eingeschränkt oder unterbrochen. Meist ist damit eine räumliche Trennung verbunden. Die Eltern setzen ihrem Kind damit ein Signal: „Dein Verhalten kann ich so nicht zulassen." Mehrere Spielarten einer „Auszeit" sind denkbar:

- Mutter oder Vater bleiben mit ihrem Kind im selben Zimmer, beschäftigen sich aber demonstrativ mit etwas anderem. Das Kind wird an eine andere Stelle des Zimmers gebracht, in die Babywippe gelegt bzw. in den Laufstall oder in den Hochstuhl gesetzt.

- Mutter oder Vater verlassen den Raum. Das Kind bleibt allein dort zurück.

- Das Kind wird in ein anderes Zimmer gebracht. Es bleibt dort für kurze Zeit allein.

Wann ist welche Art von „Auszeit" angebracht? Wenn „Klartext-Reden" nicht möglich ist oder nicht funktioniert hat, wenn logische Folgen nicht in Sicht sind, oder wenn **sofort** gehandelt werden muß, ist eine „Auszeit" die Methode der Wahl.

- **Erste „Auszeit":**
  Mit Mutter oder Vater im selben Zimmer

Im ersten Lebensjahr ist es in der Regel nicht sinnvoll, das Kind in ein anderes Zimmer zu bringen oder allein zu lassen. Der Kontakt zwischen

Eltern und Kind ist noch so eng, daß bei einer räumlichen Trennung Ängste nicht ausgeschlossen werden können. Trotzdem müssen auch einem Baby oder Kleinkind mitunter Grenzen gesetzt werden. Einigc Beispiele.

***Christoph**, 8 Monate alt, wird noch voll gestillt. Seit einiger Zeit hat er zwei Zähnchen. Bisher war das noch nie ein Problem, aber plötzlich beißt er beim Stillen mit seinen scharfen Zähnchen so fest zu, daß seine Mama vor Schmerz aufschreit.*

Christoph braucht eine Konsequenz, damit er die Regel lernen kann: „Beim Trinken muß ich mit meinen Zähnchen vorsichtig sein".

Seine Mutter wendet eine „Auszeit" an: Mit den Worten „Das tat furchtbar weh!" nimmt sie ihn sofort von der Brust und legt ihn auf seine Krabbeldecke. Einige Minuten lang wendet sie sich ab und beachtet Christoph nicht, obwohl er auf seiner Krabbeldecke weint. Nach wenigen Minuten nimmt sie ihn auf den Arm, schaut ihn an und sagt: „Jetzt versuchen wir es noch mal. Sei aber schön vorsichtig!" – Christoph trinkt diesmal sanft und vorsichtig.

Wenn Christoph noch einmal beißt, wird seine Mutter ihn wieder sofort auf die Krabbeldecke legen und ihm eine Zeitlang keine Beachtung schenken. Wieder wartet sie einige Minuten, bis sie ihn wieder anlegt.

Ein weiteres Beispiel:

Die Geschichte von Paul, 8 Monate alt, kennen Sie bereits aus dem ersten Kapitel. Pauls Eltern waren verzweifelt, weil ihr Sohn äußerst unzufrieden war und mehrere Stunden am Tag schrie, obwohl sich seine Mutter pausenlos intensiv mit ihm beschäftigte. Paul brauchte alle paar Minuten eine andere Attraktion, damit er für kurze Zeit zufrieden war.

Mit den Eltern wurde ich schnell einig, daß Paul eine neue Regel lernen mußte: „Ich muß mich jeden Tag zur selben Zeit eine Weile allein beschäftigen. Meine Mama hat in dieser Zeit etwas anderes zu tun."

Wie konnte er diese Regel lernen? Er war noch nicht ein Jahr alt. Seine Mutter konnte ihn nicht einfach in sein Zimmer bringen und sagen: „Du spielst jetzt alleine". Nach dem gemeinsamen Frühstück war Pauls Laune in der Regel noch am besten. Seine Mutter beschloß, von nun an während dieser Zeit zu spülen und die Küche aufzuräumen. Sie setzte Paul auf den Fußboden, bot ihm einige Gegenstände aus der Küche (z.B. Schneebesen und Holzlöffel) zum Spielen an, ging zu ihm herunter in die Hocke, schaute ihn an und sagte: „Ich muß jetzt die Küche aufräumen." Sie war fest entschlossen, sich während der folgenden 10 Minuten in erster Linie der Hausarbeit zu widmen. Paul durfte zwar in ihrer Nähe sein, sollte aber nicht im Mittelpunkt ihrer Aufmerksamkeit stehen.

Wie erwartet, feuerte Paul nach einer Minute den Schneebesen in die Ecke, zog sich heulend an den Beinen seiner Mama hoch und wollte auf den Arm. Er war es gewohnt, immer sofort seinen Willen zu bekommen. Es passierte aber etwas, womit Paul gar nicht gerechnet hatte. Seine Mama gab ihm eine Auszeit: Sie nahm ihn und setzte ihn ein Stück weiter weg wieder auf den Fußboden mit den Worten: „Ich muß jetzt die Küche aufräumen." Paul war empört. Er steigerte seine Lautstärke und krabbelte sofort zu Mamis Beinen zurück. Seine Mama tat wieder genau dasselbe wie beim ersten Mal: Sie nahm ihn, setzte ihn ein Stück von sich weg auf den Fußboden und sagte: „Ich muß jetzt die Küche aufräumen, mein Schatz („kaputte Schallplatte"). Danach kann ich wieder mit dir spielen". Das Spiel wiederholte sich noch einmal.

Beim nächsten Mal entschied sich Pauls Mutter – wie vorher besprochen – einen Schritt weiter zu gehen: Paul wurde in den Laufstall gesetzt. Er konnte seine Mutter von dort aus sehen. Das hinder-

te ihn nicht daran, sich schreiend an den Gitterstäben hochzuziehen. Seine Mama setzte ihre Hausarbeit unbeirrt fort, obwohl sich von Pauls Geschrei ihr Magen zusammenzog. Alle 3 Minuten wandte sie sich Paul zu und sagte: „Ich muß erst die Küche aufräumen, dann kann ich wieder mit dir spielen." – Sobald die 10 Minuten um waren, schenkte sie Paul wieder ihre ungeteilte Aufmerksamkeit. Sie war erleichtert und stolz, daß sie durchgehalten hatte, auch wenn anfangs bei ihrer Hausarbeit nicht viel herauskam.

Auf genau diese Weise handelte Pauls Mutter in den folgenden Tagen. Jedesmal nahm sie sich vorher genau vor, was sie in dieser Zeit tun wollte – aufräumen, Zeitung lesen, selbst zu Ende frühstücken. Allmählich verlängerte sie die Zeit von 10 auf 30 Minuten. Schon am dritten Tag hörte Paul innerhalb der „Auszeit" von selbst auf zu weinen. Er saß tatsächlich im Laufstall und spielte – für die Mutter ein völlig ungewohnter Anblick! Sie hielt es bald nicht mehr jedesmal für nötig, Paul in den Laufstall zu setzen. Das tat sie nur, wenn er sich so an sie hängte, daß sie sich nicht bewegen konnte. Paul lernte allmählich, daß er in dieser Zeit bei seiner Mutter nicht im Mittelpunkt stand und mit Schreien nichts erreichen konnte. Er entschied sich immer häufiger, zu spielen statt zu schreien. Seine Mutter merkte, daß beiden diese Veränderung gut tat. Deshalb führte sie am Nachmittag eine weitere halbe Stunde ein, in der sie genau so vorging.

Viele Babys und Kleinkinder bekommen immer sofort ihren Willen, sobald sie schreien. Ihre Eltern meinen es meistens gut. Sie wollen, daß ihr Kind sich wohlfühlt, und zwar **immer**. Leider funktioniert diese Methode nicht. Im Gegenteil: Solche Kinder sind oft – wie Paul – besonders unzufrieden. Sie schreien viel, weil sie gelernt haben: „Schreien bringt Zuwendung." Sie sind schon früh in einen Kampf um Aufmerksamkeit verwickelt und lernen ihre eigenen Fähigkeiten und Vorlieben gar nicht richtig kennen. Deshalb können sie sich nicht gut allein beschäftigen. Erst recht bleibt ihnen verborgen, daß auch ihre Eltern Bedürfnisse haben. Eine „Auszeit" mit Vater oder Mutter im selben Zimmer ist ein möglicher Ausweg: Das Kind wird nicht bestraft, bleibt in der Nähe, bekommt aber trotzdem nicht seinen Willen.

- Auch wenn Ihr Kind noch sehr klein ist – verwenden Sie Ich-Botschaften während einer „Auszeit": „**Ich** muß jetzt aufräumen" – „**Ich** möchte jetzt zu Ende frühstücken" – „**Ich** muß telefonieren". Sie können gar nicht früh genug damit anfangen. Ihr Kind lernt so Ihre Bedürfnisse kennen – und Sie selbst können sich vor Schimpfen und Vorhaltungen-Machen bewahren.

Ein letztes Beispiel:

Erinnern Sie sich an Patrick, den „Schrecken der Spielgruppe"? Der Zweijährige beißt, schlägt andere Kinder, nimmt ihnen die Spielsachen weg und wirft damit. Jedesmal geht seine Mutter zu ihm und schimpft mit ihm. Fast jedesmal kündigt sie an: „Wenn du das noch einmal machst, gehen wir nach Hause." Das setzt sie jedoch nie in die Tat um.

Wie kann die Mutter wirkungsvoller handeln? Wenn Patrick einem anderen Kind weh getan hat, kann sie Klartext reden. Sie geht auf die Knie, schaut ihn an, hält ihn an den Händen fest und sagt: „Stop! Hör sofort damit auf!". Sie kann ihn in eine andere Ecke des Zimmers bringen, ihre Aufmerksamkeit von ihm abwenden und statt dessen sein „Opfer" trösten. Wenn Patrick in derselben Stunde noch einmal haut oder beißt, muß sie sofort handeln. Patrick ist zwar schon älter als ein Jahr, aber er kann noch nicht allein vor die Tür geschickt werden. Seine Mutter verläßt mit ihm zusammen den Raum. Sie ist während der „Auszeit" bei ihm, gibt ihm jedoch keine besondere Zuwendung. Wenn Patrick schreit, sagt sie nur: „Wenn du dich beruhigt hast, können wir wieder hineingehen." Damit betont sie das Positive. Wenn

Patrick nicht aufhört zu schreien, geht sie mit ihm nach Hause. Auch das ist eine Auszeit: Patrick wird von den anderen Kindern und den vielen attraktiven Spielsachen getrennt. Kann er sich jedoch beruhigen, bekommt er in der Gruppe eine neue Chance. Sobald er für kurze Zeit friedlich spielt, setzt sich die Mutter zu ihm, lobt ihn und schenkt ihm Aufmerksamkeit. Sie achtet auf das Gute. Sollte Patrick zum dritten Mal einem Kind weh tun, geht sie sofort mit ihm nach Hause.

- **Zweite „Auszeit":**
  Eltern verlassen das Zimmer – Kind bleibt allein zurück

Bei dieser „Auszeit" entziehen Sie sich der Auseinandersetzung, indem Sie den „Kampfplatz" verlassen. Ihr Kind bleibt allein zurück. Es sollte mindestens ein Jahr alt sein, wenn sie auf diese Art von „Auszeit" zurückgreifen. Einige Beispiele:

Ihr Zweijähriger will Schokolade haben und bekommt keine. Er wirft sich auf den Boden, trampelt und schreit. Sie verlassen das Zimmer und gehen erst wieder zu ihm, wenn er sich beruhigt hat. Bei einem sehr langen Trotzanfall können Sie alle paar Minuten zu ihm gehen und ihm ein Friedensangebot machen: „Kann ich dir helfen? Ist alles in Ordnung?" Wenn er Sie schreiend zurückweist, verlassen Sie wieder das Zimmer. Dies wiederholen Sie, bis er Ihr Friedensangebot annimmt.

Sie helfen Ihrer achtjährigen Tochter bei den Hausaufgaben. Sie nimmt Ihre Hilfe jedoch nicht an. Statt dessen fängt sie an, Sie zu beschimpfen: Die Lehrerin habe alles ganz anders erklärt, Sie hätten sowieso keine Ahnung, und überhaupt seien Sie eine ganz blöde Mama.

Wieder einmal ist es in diesem Fall am wirkungsvollsten, sich alle gekränkten und belehrenden Kommentare zu sparen und ***wortlos*** *das Zimmer zu verlassen. Wenn Ihnen Schweigen zu schwer fällt,* *können Sie auch das Positive betonen: „Sobald du wieder freundlich mit mir redest, helfe ich dir gern weiter."*

Ihre beiden Kinder – 7 und 9 Jahre alt – streiten sich schon den ganzen Nachmittag. Alle paar Minuten gibt es Geschrei. Alle paar Minuten müssen Sie eingreifen und schlichten. Sie merken, wie der Ärger in Ihnen immer höher steigt. Sie haben das Gefühl: Wenn ich jetzt nicht losschreie, platze ich. Statt zu schreien und die Kontrolle zu verlieren, können Sie aber etwas anderes tun: Sie geben sich selbst eine Auszeit. Sie verlassen die Wohnung und gehen „eine Runde um den Block" – wenn Ihre Kinder schon alt genug sind, um ein paar Minuten allein zu bleiben. Auch innerhalb der Wohnung können Sie sich vielleicht eine Rückzugsmöglichkeit einrichten.

Rudolf Dreikurs empfiehlt in seinem bereits erwähnten Buch(2) die „Badezimmermethode": Mutter oder Vater verlassen den Ort der Auseinandersetzung und ziehen sich für kurze Zeit (vielleicht mit einer Zeitung bewaffnet) ins Badezimmer zurück, bis sie sich wieder unter Kontrolle haben.

Es gibt eine Ausnahme, bei der Sie eine Art Auszeit schon für Babys ab sechs Monaten anwenden können: Wenn Ihr Kind lernen soll, allein in seinem Bett einzuschlafen und durchzuschlafen. Wie die Methode funktioniert, ist in unserem Ein- und Durchschlaf-Buch *Jedes Kind kann schlafen lernen*(3) genau beschrieben. Sie können dort auch nachlesen, wie es zu Schlafstörungen kommt und was Sie tun können, damit Ihr Kind von Anfang an ein guter Schläfer wird. Hier nur soviel dazu: Das Kind wird ohne Einschlafhilfen wie Fläschchen und Schnuller in sein Bett gelegt. Die Eltern sagen „Gute Nacht" und verlassen das Zimmer. Wenn das Baby weint, gehen Vater oder Mutter alle paar Minuten zu ihm hinein, trösten und streicheln es, zeigen ihm, daß alles in Ordnung ist, geben ihm aber nicht seinen Willen. Sie verlassen das Zimmer, auch wenn das Baby noch schreit. Dies wiederholt sich so lange, bis das Baby eingeschlafen ist. Nur wenn es allein ohne Ihre Hilfe einschlafen kann, kann es auch nachts durchschlafen. Diese „Auszeit" ist sehr wirkungsvoll: Die meisten Babys lernen innerhalb weniger Tage, gut zu schlafen.

Dritte „Auszeit": Kind wird in ein anderes Zimmer gebracht

Wenn Sie diese Art von Auszeit anwenden, sollte Ihr Kind mindestens zwei Jahre alt sein. Sie bringen es in ein anderes Zimmer und lassen es dort allein. Sie unterstreichen die räumliche Trennung, indem Sie die Tür zumachen (**niemals** abschließen!). Damit setzen Sie Ihrem Kind eine ganz besonders deutliche und nachdrückliche Grenze.

> ***Oliver**, zwei Jahre alt, wurde schon im ersten Kapitel erwähnt. Seine Mutter fand ihn „richtig böse". Sie wurde von ihm geschlagen, gebissen und getreten, außerdem hatte er sehr anhaltende Trotz- und Schreianfälle.*
>
> *Bei den Trotz- und Schreianfällen konnte seine Mutter meist die im vorigen Abschnitt beschriebene zweite Auszeit anwenden: Sie verließ das Zimmer und ließ ihn allein zurück. Wenn Sie jedoch in dem Zimmer selbst etwas erledigen mußte, oder wenn Oliver anfing zu schlagen, zu treten oder zu beißen, entschied sie sich für die dritte Auszeit: Sie nahm ihn und brachte ihn in sein Zimmer. Sie schloß die Tür hinter sich und blieb in der Nähe. Oliver konnte die Tür noch nicht allein öffnen. Er saß in seinem Zimmer und brüllte. Nach 2 Minuten ging seine Mutter zu ihm hinein und machte ihm ein „Friedensangebot": „Ist wieder alles gut? Möchtest du dich mit mir vertragen?" – Oliver brüllte weiter. Deshalb ging seine Mutter wieder hinaus und machte die Tür hinter sich zu. Wiederum ging sie nach 2 Minuten hinein und erneuerte ihr Friedensangebot. Diesmal streckte ihr Oliver schluchzend die Ärmchen entgegen. Er hörte auf*

zu weinen und durfte wieder bei seiner Mama bleiben. Sofort war alles vergeben und vergessen.

Am ersten Tag hielt sich Olivers „Einsicht" allerdings in Grenzen. Nach kurzer Zeit legte er immer wieder irgend ein unangemessenes Verhalten an den Tag. Insgesamt zwölfmal bekam er eine Auszeit in seinem Zimmer. Jedesmal weinte er sehr heftig, aber immer nur sehr kurz. Jedesmal ging seine Mutter alle 2 Minuten zu ihm hinein und fragte ihn, ab alles in Ordnung sei, bis er sich aus eigener Kraft beruhigt hatte. Am zweiten Tag mußte er noch fünfmal, am dritten Tag dreimal in sein Zimmer gebracht werden. Immer öfter reichte es aus, mit ihm Klartext zu reden. Die Mutter war sehr froh, sich ihrem kleinen Sohn gegenüber nicht mehr so hilflos und ausgeliefert zu fühlen. Nach einer Woche sagte sie: „Ich habe ein ganz anderes Kind. Er kann auf einmal richtig schön spielen, alleine und mit mir zusammen."

An diesem Beispiel werden einige Regeln für diese Auszeit deutlich:

- Überlegen Sie zuerst, für welches Verhalten Ihres Kindes Sie eine Auszeit verhängen wollen.
- Wenden Sie die Auszeit jedesmal an, wenn Ihr Kind sein unerwünschtes Verhalten an den Tag legt.
- Lassen Sie Ihr Kind immer nur für sehr kurze Zeit allein in dem Auszeit-Zimmer. Gehen Sie alle paar Minuten zu ihm und machen ihm ein Friedensangebot.
- Als Faustregel gilt: **Lassen Sie Ihr Kind bei geschlossener Tür in Minuten nie länger allein, als es in Jahren alt ist** (beim Zweijährigen spätestens alle 2 Minuten hineingehen, beim Vierjährigen alle 4 Minuten usw.).
- Es ist wichtig, daß Ihr Kind die Auszeit nicht eigenmächtig abbrechen kann. Deshalb wird die Tür des Zimmers zugemacht oder ein Türgitter verwendet.

Sofort drängt sich die Frage auf: Was passiert, wenn mein Kind die Tür einfach aufmacht und herauskommt? Es würde doch nicht freiwillig in seinem Zimmer bleiben! Die Antwort lautet: Sie müssen dafür sorgen, daß es in seinem Zimmer bleibt. Anders herum ausgedrückt: Sie müssen verhindern, daß es sein Zimmer verläßt. Im Extremfall kann das heißen, daß Sie sich gegen die Tür lehnen oder die Türklinke festhalten. Es bleibt Ihnen nichts anderes übrig, als die von Ihnen verhängte Auszeit auch durchzusetzen. Aber schließen Sie Ihr Kind niemals ein! Einschließen und Weggehen ist für mich eine feindselige Reaktion. Es kann nicht ausgeschlossen werden, daß dadurch Ihrem Kind psychischer Schaden zugefügt wird.

Wenn Ihr Kind Ihnen allerdings nach Belieben entwischen kann, ist eine Auszeit keine unangenehme Folge, sondern ein köstlicher Spaß. Stellen Sie sich vor, Sie müßten immer wieder hinter Ihrem Kind herrennen und es einfangen! Hätte Ihr Kind dann irgendeinen Grund, sein Verhalten zu ändern?

Sicherlich kommen Sie sich hart vor, wenn Sie an der Tür stehen und die Klinke festhalten, während Ihr Kind drinnen tobt und schreit und möglicherweise gegen die Tür tritt. Aber bedenken Sie – schon nach wenigen Minuten öffnen Sie die Tür wieder und machen Ihrem Kind ein Angebot: „**Du** kannst entscheiden: Willst du wieder friedlich sein – dann kannst du zu mir kommen. Oder möchtest du noch weiter schreien – dann muß ich die Tür noch einmal zumachen." Ihr Kind hat die Wahl. Dadurch hat es einen guten Grund, schnell mit dem Schreien aufzuhören. Und es hat einen guten Grund, sich beim nächsten Mal besser zu benehmen, damit es nicht wieder hinter einer geschlossenen Tür landet.

Trotz des außerordentlich guten Erfolges bleibt ein ungutes Gefühl, wenn wir unser Kind mit aller Konsequenz von uns trennen und eine Tür zwischen uns schließen. Wir wissen genau, daß uns unser Kind in diesem Moment nicht wohl gesonnen ist. Vielleicht schreit es sogar: „Mama, du bist gemein!" – oder: „Ich hasse dich!" Es gehört Mut und Selbstvertrauen dazu, sich beim eigenen Kind unbeliebt zu machen. Es gehört vor allem unsere Gewißheit dazu: „Mein Kind und ich – wir können diese Auseinandersetzung aushalten. Unsere Beziehung ist so innig und tragfähig – sie kann dadurch nicht kaputt gehen". Wir wollen unser Kind mit einer Auszeit schließlich nicht ärgern oder bestrafen, sondern wir wollen ihm klar machen: „Dein Verhalten kann ich nicht zulassen. Dazu bist du mir zu wichtig. Ich muß dir eine Grenze setzen, damit du dein Verhalten änderst." Wir haben Klartext geredet. Es hat nicht funktioniert. Logische Folgen lassen sich nicht anwenden. Schlagen wollen wir unser Kind nicht. All die anderen Elternfehler wollen wir auch vermeiden. Was bleibt uns übrig? Eine Auszeit ist trotz aller Nachteile oft der beste und wirksamste Weg, unserem Kind eine Grenze zu setzen.

Nicht alle Kinder versuchen auszubrechen. Viele können eine Auszeit bei geschlossener Tür durchaus akzeptieren. Nicht selten findet die Mutter ihr Kind, das kurz vorher noch außer Rand und Band war, nach wenigen Minuten friedlich spielend in seinem Zimmer vor.

Meine eigene sechsjährige Tochter dreht manchmal den Spieß um und nimmt sich selbst eine Auszeit. Wenn ihr mein Klartext-Reden nicht gefällt, stapft sie wutentbrannt in ihr Zimmer und knallt die Tür hinter sich zu. Es ist dann am besten, sie in Ruhe zu lassen, bis sie irgendwann mit wesentlich besserer Laune wieder herauskommt.

Drei Fragen werden zum Thema „Auszeit" immer wieder gestellt:

- Bei welchem unangemessenen Verhalten meines Kindes soll ich eine Auszeit verhängen?
- Welches Zimmer ist für eine Auszeit am besten geeignet?
- Bis zu welchem Alter kann ich eine Auszeit verhängen?

Zur ersten Frage: Keine Mutter und kein Vater bringt ein Kind „aus Spaß" in ein anderes Zimmer und schließt die Tür. Die Eltern sollten sich sicher sein, daß sie genau dieses Verhalten ihres Kindes auf keinen Fall akzeptieren können. Es geht nicht um Kleinigkeiten, sondern um Gravierendes. Beispiele: Ihr Kind beißt, tritt oder schlägt Sie oder eine andere Person. Es wirft beim Essen absichtlich seinen Teller herunter. Es wirft mit harten Gegenständen nach Personen. Es hat einen Trotzanfall, während die Familie zusammen am Tisch sitzt. Es beschimpft und beleidigt Sie mit vulgären Schimpfwörtern. Es schreit laut, wenn Sie ein wichtiges Telefongespräch führen müssen. Es läßt Sie trotz mehrfacher Aufforderungen nicht in Ruhe eine wichtige Tätigkeit zu Ende bringen. Auch wenn Sie Klartext reden, hört es Ihnen nicht zu.

Zur zweiten Frage: In welches Zimmer soll das Kind gebracht werden? Darauf gibt es keine allgemeingültige Antwort. Jede Wohnung ist anders geschnitten. Entscheidend ist, daß eine Tür oder ein Türgitter zwischen Ihnen und Ihrem Kind zugemacht werden kann. Um welches Zimmer es sich handelt, ist weniger entscheidend. Oft wählen die Eltern das Kinderzimmer. Vielleicht müssen vorher wertvolle oder besonders attraktive Gegenstände entfernt werden. Ein Fernseher hat in einem Auszeit-Zimmer nichts zu suchen! Auch das Schlafzimmer, in Einzelfällen sogar das Bad oder eine Diele, können geeignet sein. Wenn Sie mit Ihrem Kind unterwegs sind, können Sie eine „Auszeit" bei jüngeren Kindern durch Anschnallen im Buggy ersetzen.

Zur dritten Frage: Bis zu welchem Alter kann diese Art von Auszeit durchgesetzt werden? – Sicherlich bis zum Schulalter. Wenn Ihr Kind die Aufforderung „Geh in dein Zimmer" akzeptiert und dort bleibt, gibt es keine Obergrenze. Die Tür würde ich bei einem Kind ab 8 oder 9 Jahren aber nicht mehr zuhalten. Wenn ein Kind in diesem Alter sich nicht an die Auszeit hält, muß eine andere, möglichst logische Konsequenz folgen. Einige zusätzliche Anregungen folgen im nächsten Abschnitt.

Eine leicht abgewandelte Auszeit ist die „Tür-auf-Tür-zu-Methode", die in unserem Buch *Jedes Kind kann schlafen lernen*[3] genau beschrieben wird.

Das Kind lernt dadurch, in seinem eigenen Bett zu schlafen, statt immer wieder aufzustehen und ins Elternbett zu kommen. Die Regel, die das Kind dabei lernt, lautet: „Bleibe ich in meinem Bett, bleibt die Tür von meinem Zimmer offen. Stehe ich aber auf und laufe im Zimmer herum, wird die Tür für kurze Zeit zugemacht und notfalls auch zugehalten. Meine Eltern kommen alle 2-3 Minuten zu mir herein und schauen nach mir. Nur wenn ich im Bett bin, lassen sie die Tür offen."

- **Zusammenfassung**:
  Wenn Sie als Konsequenz eine Auszeit wählen, setzen Sie eine sehr wirkungsvolle Grenze. Sie schränken den Kontakt zu Ihrem Kind für kurze Zeit ein oder unterbrechen ihn ganz. Es gibt drei Arten von Auszeiten. Bei Kindern unter einem Jahr bleiben Mutter oder Vater mit im selben Zimmer, setzen ihr Baby in einen Hochstuhl, in den Laufstall oder in eine andere Ecke des Zimmers und beschäftigen sich mit etwas anderem. Bei Kindern ab einem Jahr kann zusätzlich eine andere Auszeit angewandt werden: Mutter oder Vater verlassen den Raum für kurze Zeit und lassen ihr Kind allein zurück. Ist Ihr Kind mindestens zwei Jahre alt, kann es bei besonders unangemessenem Verhalten in ein anderes Zimmer gebracht werden. Eine Tür oder ein Türgitter wird zugemacht. Dem Kind wird eine kurze räumliche Trennung zugemutet.

Erst die Arbeit – dann das Vergnügen

Dieses Motto ist Ihnen als Kind sicherlich auch eingebleut worden, und wahrscheinlich können Sie es schon fast nicht mehr hören. Sie können Ihr Kind auch durchaus mit diesem Spruch verschonen. Dahinter steckt aber ein sehr sinnvolles und wirksames Erziehungsprinzip, das Strafen weitgehend überflüssig macht. Besonders ab dem Kindergartenalter kann man es einsetzen.

Bevor dieses Prinzip genauer vorgestellt wird, eine Frage an Sie: Setzen Sie Ihrem Kind oft Anreize, oder kündigen Sie eher Strafen an? Fernsehverbot z.B. wird von Eltern sehr häufig als Konsequenz für alles mögliche verwendet: wenn nicht aufgeräumt wird, wenn sich die Geschwister streiten, wenn die Hausaufgaben nicht ordentlich gemacht werden. Oder es wird „Stubenarrest" verhängt. Oder die Eltern entscheiden: „Du darfst dich nicht verabreden", „Du darfst nicht zum Fußball", „Du bekommst keine Süßigkeiten", „Du bekommst kein Taschengeld". Mit all diesen Strafen nehmen wir unserem Kind etwas weg, was es sehr gern tun oder haben würde, was es aber nicht unbedingt braucht. Wir streichen ihm „Vergnügen".

Taschengeld würde ich immer nur dann kürzen, wenn das Kind etwas zurückzahlen muß, was es zerstört oder gestohlen hat. Viele andere Arten von „Vergnügen" können aber durchaus vom Verhalten des Kindes abhängig gemacht werden. Eltern können entweder das Streichen von Vergnügen als Strafe ankündigen oder nach dem Motto „Erst die Arbeit – dann das Vergnügen" Anreize setzen. Entscheiden Sie anhand der folgenden Tabelle selbst, was wohl wirkungsvoller ist:

Wunsch des Kindes	Anreize setzen	Strafen ankündigen
Ich möchte Sesamstraße gucken!	In Ordnung! Sobald alle Spielsachen in der Kiste sind, darfst Du den Fernseher einschalten.	Wenn du nicht endlich aufräumst, gibt es Fernsehverbot für heute!
Mama, ich will mich heute verabreden!	Na klar, wenn Du mit den Hausaufgaben fertig bist.	Wenn du deine Hausaufgaben nicht machst, kannst du dich nicht verabreden.
Darf ich ein Stück Schokolade?	Nach dem Mittagessen!	Wer nichts zu Mittag ißt, kriegt auch keine Schokolade.
Meine Freundin kommt mich heute besuchen.	Gut – bis dahin muß dein Zimmer so aufgeräumt sein, daß ihr dort spielen könnt.	Wenn du dein Zimmer nicht aufräumst, rufe ich an und sage ab.

Sehen Sie einen entscheidenden Unterschied? Oder glauben Sie, es läuft auf dasselbe hinaus? Es ist eben nicht „dasselbe in Grün" für Ihr Kind, welche Worte Sie wählen. Wenn Sie Anreize setzen, hört Ihr Kind heraus: „Mama traut mir zu, daß ich es schaffe". Wenn Sie Strafen ankündigen, hört es heraus: „Mama mag mich nicht. Deshalb will sie mich bestrafen." Das macht einen Machtkampf zwischen Ihnen wesentlich wahrscheinlicher. Allerdings wird Ihr Kind auch dann protestieren, wenn Sie ihm Anreize setzen: „Das ist Erpressung!" – Diesen Satz werden Sie des öfteren zu hören bekommen. Sie können von Ihrem Kind verlangen, daß es wichtige, aber unangenehme Dinge erledigt. Sie können aber nicht erwarten, daß es das gern tut. Es darf dabei schimpfen und schlechte Laune haben. Die gute Laune stellt sich dann beim nachfolgenden „Vergnügen" von selbst ein.

Es kann auch passieren, daß Ihr Kind Ihre Erwartung enttäuscht und nicht das tut, was es tun soll. Dann ist das Streichen von „Vergnügen" notwendige logische Konsequenz, aber nicht willkürliche Strafe.

„Vergnügen" kann nicht nur gekürzt oder gestrichen, sondern auch extra gewährt werden. Dann wird es zur Belohnung. Eine Belohnung kann dann angebracht sein, wenn unsere Kinder ihre guten Seiten gezeigt oder sich zumindest bemüht haben. Unter der Überschrift *Auf das Gute achten* (S. 86) wurde bereits betont, daß wir unsere Augen dafür immer weit offen halten sollten. Eine Belohnung kann vor allem bei jüngeren Kindern Extra-Zeit für Zuwendung sein: z.B. eine zusätzliche Geschichte oder ein gemeinsames Spiel. Bei etwas älteren Kindern könnte es eine besondere Fernsehsendung, längeres Aufbleiben oder ein gemeinsamer Kino- oder Schwimmbadbesuch sein, vielleicht auch mal ein besonderer Nachtisch, ein Eis oder sogar ein kleines Geschenk.

Sollte man Belohnungen vorher ankündigen nach dem Motto: „Wenn du heute nachmittag lieb bist, kaufe ich dir ein Eis!"? Bei materiellen Belohnungen wie Eis oder kleinen Geschenken ist eher Zurückhaltung angesagt. Sonst kommt das Kind vielleicht auf die Idee, um Belohnungen mit Ihnen zu handeln und immer wieder zu fragen: „Was kriege ich, wenn...?" Gemeinsame Aktivitäten oder Zeit für Zuwendung können Sie dagegen durchaus vorher ankündigen und damit einen Anreiz setzen.

- **Zusammenfassung**:
  Ob Sie eine logische Folge, eine Auszeit oder eine andere Konsequenz einsetzen – beachten Sie die folgenden Tips:

  – Betonen Sie, daß Ihr Kind die Wahl hat. Ein Beispiel: „Du kannst entscheiden: weiter schreien und in deinem Zimmer bleiben – oder friedlich sein und zu mir kommen."
  – Wenden Sie die gewählte Konsequenz jedesmal nach dem unerwünschten Verhalten Ihres Kindes an. Nur dann kann es daraus lernen.
  – Reden Sie ruhig.

- Bleiben Sie fest. Wahrscheinlich wird Ihr Kind Ihr Durchhaltevermögen testen, z.B. durch besonders ausdauerndes Schreien.
- Wählen Sie eine andere Konsequenz, wenn Ihre Taten mehrmals hintereinander ohne Wirkung geblieben sind.
- Nehmen Sie eine einmal ausgesprochene Konsequenz nicht zurück.
- Zeigen Sie Ihrem Kind, daß Sie zu ihm halten. Sobald eine Konsequenz ausgestanden ist, ist alles vergeben und vergessen.

Dritter Schritt: Einen Vertrag schließen

Für manche Eltern ist es schwierig, gute Vorsätze in die Tat umzusetzen. Es bleibt bei der guten Absicht, aber die Taten bleiben aus. Wie soll das Kind Regeln lernen, wenn seine Eltern keine klare Linie erkennen lassen? Wenn es mit den Konsequenzen einfach nicht so recht klappen will, kann es eine Hilfe sein, sich an den Tisch zu setzen und einen Plan zu machen. Es hängt vom Alter des Kindes ab, ob mit ihm zusammen ein Vertrag ausgehandelt werden kann, oder ob die Eltern für sich allein ein bestimmtes Vorgehen planen.

Ein Plan zur Selbstkontrolle

Mit einem Baby oder Kleinkind können Sie natürlich noch keinen Vertrag schließen. Sie können nur für sich selbst einen Plan machen und festlegen, was sich ändern soll und was Sie in Zukunft anders machen wollen. Beantworten Sie für sich die folgenden Fragen schriftlich, wie es die Eltern des dreijährigen Sebastian gemacht haben.

- **Welches Verhalten muß sich ändern?**
  *„**Sebastian** hat mehrmals am Tag Schrei- und Trotzanfälle. Das ist für sein Alter nicht normal. Es muß sich ändern."*

- **Wie oft kommt das unerwünschte Verhalten vor?**
  Führen Sie zunächst eine Woche lang Tagebuch und schreiben Sie genau auf, wie oft, wie lange und wie heftig das unerwünschte Verhalten Ihres Kindes aufgetreten ist.
  „Sebastian hatte in der letzten Woche täglich mindestens zwei und höchstens fünf Trotzanfälle. Sie dauerten zwischen 10 und 30 Minuten."

- **Welche Konsequenz wählen Sie?**
  Was werden Sie von jetzt an tun, sobald Ihr Kind wieder das unerwünschte Verhalten zeigt?
  „Wenn Klartext-Reden nicht wirkt, wähle ich eine Auszeit: Sobald Sebastian sich auf den Boden wirft und schreit, werde ich wortlos den Raum verlassen. Alle 3 Minuten gehe ich zu ihm und frage ihn, ob er jetzt aufhören will. Wenn er schreiend hinter mir herläuft, bringe ich ihn in sein Zimmer und mache die Tür zu. Ich bleibe an der Tür stehen und passe auf, daß er dort drin bleibt. Alle 3 Minuten gehe ich hinein und mache ihm ein Friedensangebot, bis er sich beruhigt hat."

- **Welche Anreize oder Belohnungen wählen Sie?**
  „Wenn Sebastian sich beruhigt hat, darf er sofort wieder zu mir kommen. Ich achte in der folgenden Zeit besonders auf das Gute, lobe ihn und mache ihm Mut. Wenn möglich, biete ich ihm nach einer kurzen friedlichen Phase ein gemeinsames Spiel an."

- **Wie wirkt es?**
  Führen Sie das Tagebuch weiter, damit Sie die Fortschritte genau erkennen können.
  „Vor einer Woche habe ich mit der Durchführung des Plans begonnen. Seitdem hatte Sebastian an drei Tagen keinen einzigen Trotzanfall, an zwei Tagen einen recht kurzen und am Montag und Dienstag jeweils einen sehr heftigen von 30 Minuten Dauer."

- **Was können Sie noch tun, damit Ihr Plan zum Erfolg führt?**

– Hängen Sie Ihren Plan an einer gut sichtbaren und gut zugänglichen Stelle auf, damit Sie häufig daran erinnert werden.

- Erzählen Sie jemandem von Ihrem Plan – vielleicht der Oma oder einer guten Freundin. Auch die Leiterin einer Spielgruppe oder der Kinderarzt können geeignete Ansprechpartner sein. Es kann nur von Vorteil sein, wenn Sie mit jemandem darüber diskutiert und auch Gegenargumente gehört haben. Für Sie ist das ein guter Test, ob Sie wirklich selbst von Ihrem Plan überzeugt sind.

- Rechnen Sie damit, daß es schwierig wird! Jedes normale Kind wird sich zunächst wehren, wenn Eltern liebgewonnene Gewohnheiten ändern. Es wird Ihr Durchhaltevermögen auf eine harte Probe stellen. Kinder haben fast immer bessere Nerven als Erwachsene!

- Gönnen Sie sich etwas Gutes, wenn Sie es geschafft haben, Ihren Plan einzuhalten! Sie können stolz auf sich sein und sich ruhig einmal selbst belohnen! Die schönste Belohnung für Sie und Ihr Kind ist natürlich, wenn Sie beide besser miteinander zurechtkommen.

Ein Vertrag zwischen Eltern und Kind

Frühestens ab dem Vorschulalter können Sie Ihr Kind aktiv an der Planung eines Vertrages beteiligen. Je größer sein eigener Anteil an Ideen und Vorschlägen ist, desto besser wird es sich daran halten. Wenn Ihr Kind schon schreiben kann, sollte es die Vereinbarung am besten selbst zu Papier bringen. Eltern und Kind verpflichten sich, die Vereinbarungen einzuhalten und besiegeln das mit ihrer Unterschrift. Wie es zu so einem Vertrag kommen kann, zeigt das Beispiel der achtjährigen Sara. Das Problem war der tägliche Kampf um die Hausaufgaben. Auf ähnliche Weise können Sie auch bei anderen Problemen vorgehen.

- **Welches Verhalten muß sich ändern?**
  Wie oft kommt das unerwünschte Verhalten vor?
  Wie bei dem Plan zur Selbstkontrolle, beobachten Sie zunächst eine Woche lang die Situation und führen darüber in Stichworten ein Tagebuch.

  Saras *Mutter machte sich täglich nach den Hausaufgaben Notizen. Wie lange hatte es gedauert? Wie oft mußte sie helfen? Wie oft gab es Streit? Wie heftig war der Streit?*

- **Krisensitzung**
  Setzen Sie sich mit Ihrem Kind zusammen, um alles in Ruhe zu besprechen. Nehmen Sie sich viel Zeit. Bei diesem Gespräch dürfen Sie nicht gestört werden. Unbeteiligte Geschwister haben nichts dabei zu suchen.

  Saras Mutter wählte die Zeit nach dem Mittagessen aus. Sie sagte zu ihrer Tochter: „Bevor du mit den Hausaufgaben anfängst, muß ich etwas ganz Wichtiges mit dir besprechen. Komm, setz dich zu mir. Es gibt eine Sache, da kriegen wir beide jeden Tag Ärger miteinander. Da muß sich unbedingt etwas ändern."

- **Wo liegt das Problem?**
  Fragen Sie zuerst Ihr Kind, ob es selbst eine Idee hat. Erst dann sagen Sie ihm, wie das Problem aus Ihrer Sicht aussieht.
  Mutter*: „Hast du eine Ahnung, was ich meine?"*
  Sara*: „Bei den Hausaufgaben meckerst du immer mit mir rum. Meinst du das?"*
  Mutter*: „Du hast genau das richtige Thema erkannt. Da bin ich froh. Bei den Hausaufgaben muß ich wirklich etwas anders machen. Und du auch."*

- **Begründung**
  Fragen Sie wieder zuerst Ihr Kind, warum sich etwas ändern muß.

Achten Sie darauf, daß es beim Thema bleibt. Legen Sie dann kurz und verständlich Ihre eigenen Gründe dar.

Mutter*: „Warum müssen wir beide uns da wohl ändern – was meinst du?"*

Sara*: „Weiß ich nicht."*

Mutter*: „Ich will es dir erklären. Im Moment sitze ich bei den Hausaufgaben die ganze Zeit neben dir. Sehr oft fragst du mich etwas, sehr oft helfe ich dir. Dann bekommen wir Streit. Du schreist mich an, ich schreie zurück. Letzte Woche habe ich es aufgeschrieben: Es hat mindestens eine Stunde, oft zwei Stunden gedauert, bis du fertig warst. Danach waren wir beide sauer aufeinander. Das will ich nicht. Ich will, daß du deine Hausaufgaben selbständiger machst. Und ich will, daß wir dabei keinen Krach mehr kriegen."*

- **Was wollen wir anders machen?**

Fragen Sie Ihr Kind, ob es Verbesserungsvorschläge hat. Legen Sie fest, was genau jeder von Ihnen in Zukunft tun soll.

Saras Mutter stellte folgende Fragen und suchte zusammen mit ihrer Tochter geeignete Antworten: Wo sollen die Hausaufgaben gemacht werden? Wie lange dürfen die Hausaufgaben dauern? Wie kontrollieren wir es? Was kann Sara ganz allein? Bei welchen Aufgaben bleibt ihre Mutter bei ihr und gibt ihr Hilfestellung? Wieviele Fehler darf Sara machen?

- **Welche Konsequenzen wählen wir?**

Was passiert, wenn einer von Ihnen sich nicht an die Vereinbarungen hält? Wieder sind auch die Ideen Ihres Kindes gefragt!

Was passiert, wenn die Zeit um ist? Was passiert, wenn Sara zu viele Fehler gemacht hat? Was passiert, wenn Sara anfängt zu schimpfen oder zu schreien? Was passiert, wenn Mama anfängt zu schimpfen oder zu schreien?

- **Welche Anreize oder Belohnungen wählen wir?**

Eine Krisensitzung ist kein guter Anlaß, mit dem Kind Belohnungen auszuhandeln. Sie können das auf einen späteren Zeitpunkt verschieben, wenn schon Besserung in Sicht ist. Oder Sie legen sie ohne Diskussion fest. Für sich selbst sollten Sie auch eine Belohnung auswählen. Dabei kann Ihnen Ihr Kind helfen.

Was passiert, wenn Sara zügig und ohne „Theater" ihre Hausaufgaben gemacht hat? Was passiert, wenn Mama sich ruhig und ohne Schimpfen an die Vereinbarung gehalten hat? Was machen wir, wenn es eine ganze Woche lang gut geklappt hat?

- **Wie schreiben wir es auf?**

Schreiben Sie genau auf, was Sie und Ihr Kind in Zukunft anders machen wollen, und welche Konsequenzen (und Belohnungen) Sie wählen. Wenn Ihr Kind schon schreiben kann, lassen Sie es zumindest einen Teil des Vertrages selbst zu Papier bringen.

Sara und ihre Mutter schrieben abwechselnd. Wegen des langen Textes übernahm die Mutter den größten Anteil. Es folgt der Wortlaut des Vertrages:

„Sara macht die Hausaufgaben in ihrem Zimmer. Die Eieruhr wird auf 60 Minuten gestellt. Danach ist Schluß, die Hefte werden weggeräumt. Wenn Sara nicht fertig geworden ist, schreibt Mama für die Lehrerin eine Begründung ins Hausaufgabenheft.

Lesen und Schreiben kann Sara ganz allein. Mama geht in ein anderes Zimmer. Wenn Sara etwas fragen will, geht sie mit dem Heft zu Mama. Mama guckt am Schluß nach und zeigt Sara die Fehler. Ab sechs Fehlern schreibt Sara neu.

In Mathematik kann Sara Plus- und Malaufgaben allein. Bei Minusaufgaben, Geteilt-Aufgaben und schwierigen Textaufgaben setzt Mama sich dazu und hilft Sara.

Wenn Sara anfängt zu schimpfen und zu schreien, geht Mama

sofort ruhig raus. Nach 5 Minuten bietet sie Sara noch einmal ihre Hilfe an.

Wenn Sara gut mitgemacht hat, darf sie einen Aufkleber in den Wochenplan kleben.

Wenn Mama ruhig und freundlich geblieben ist, darf sie sich ein lachendes Gesicht in den Wochenplan malen. Wenn sie geschrien oder gemeckert hat, muß sie ein weinendes Gesicht malen und nach den Hausaufgaben mit Sara eine Runde Uno spielen.

Wenn es eine ganze Woche lang gut geklappt hat, überlegen wir beide, was wir Schönes zusammen machen können."

(Unterschrift Sara) *(Unterschrift Mama)*

Wie kontrollieren wir es?

In einen Wochenplan – das kann ein Kalender, ein Stundenplan oder ein selbst entworfener Plan sein – tragen Sie täglich die wichtigsten Ereignisse ein. Kurze Stichpunkte reichen aus!

Sara und ihre Mutter hatten schon in dem Vertrag vereinbart, Aufkleber bzw. ein lachendes Gesicht als Zeichen für Erfolg zu verwenden. Ihr Wochenplan sah so aus:

	Montag	Dienstag	Mittwoch	Donnerstag	Freitag
Dauer	*20 min.*	*40 min.*	*10 min. (wenig auf)*	*60 min.*	*45 min.*
Sara	❤	❤	❤	—	❤
Mama	☺	☺	☺	☹	☺

Kommentar: *Die Woche war ganz gut, nur am Donnerstag ging es schief. Sara hat gemeckert, und Mama ist rausgegangen. Beim zweiten Versuch hat Sara geheult, und Mama hat geschimpft. Die Hausaufgaben sind in einer Stunde nicht fertig geworden. Insgesamt aber schon gute Fortschritte!*

Abschließend noch einige Tips:

- Hängen Sie Ihren Vertrag an einer gut sichtbaren Stelle auf.
- Halten Sie die Vereinbarungen mehrere Wochen lang aufrecht, da sich sonst leicht Rückfälle einschleichen können.
- Wenn Sie und Ihr Kind schwerwiegende Probleme haben, sind Sie vielleicht allein überfordert. Ihnen steht fachliche Hilfe zu. Die erste Adresse ist Ihr Kinderarzt bzw. Ihre Kinderärztin. Wenn nötig, bekommen Sie dort die Anschrift von Beratungsstellen oder Kinderpsychologen.

- **Zusammenfassung**:
  Mit einem Baby oder Kleinkind können Sie natürlich noch keinen Vertrag schließen. Sie können aber für sich selbst einen Plan machen und genau schriftlich festlegen, welches Verhalten Sie bei sich und Ihrem Kind ändern wollen, und welche Konsequenzen und Anreize Sie wählen. Vom Vorschulalter an können Sie Ihr Kind an der Planung eines Vertrages beteiligen. Wieder geht es um Verhaltensänderungen, Konsequenzen und Anreize. Was Sie gemeinsam ausgehandelt haben, wird von Ihnen beiden unterschrieben und kontrolliert.

Kapitel 5: Das Wichtigste in Kürze

- **Wer seinem Kind Grenzen setzen will, muß gleichzeitig auf das Gute achten**
  Machen Sie Ihrem Kind Mut. Zeigen Sie ihm, daß Sie seinen Fähigkeiten vertrauen. Loben Sie Ihr Kind. Sagen Sie ihm genau, was Sie mögen, und lassen Sie das Gute stehen.

- **Erster Schritt:**
  Reden Sie mit Ihrem Kind Klartext. Geben Sie klare Anweisungen, kontrollieren Sie Ihre Stimme und Ihre Körpersprache und sagen Sie mehrmals hintereinander genau das, was ihr Kind tun soll (Technik der „kaputten Schallplatte“).

- **Zweiter Schritt:**
  Lassen Sie auf Ihre Worte Taten folgen. Ihr Kind lernt am besten aus den natürlichen, logischen Folgen seines Verhaltens. Zusätzlich kann eine altersgerechte „Auszeit“ eingesetzt werden. Es ist wirkungsvoller, Anreize zu setzen, statt Strafen anzukündigen.

- **Dritter Schritt:**
  Wenn Ihnen konsequentes Handeln schwer fällt, können Sie für sich einen Plan zur Selbstkontrolle entwerfen. Ist Ihr Kind schon alt genug, können Sie mit ihm einen Vertrag zur Verhaltensänderung aushandeln.

6

Was wir noch tun können: Kreative Problemlösungen

In diesem Kapitel erfahren Sie...

- welche Wege Sie gehen können,
  wenn Sie sich nicht mit Verhaltensplänen begnügen wollen
- wie Sie Ihre eigene Phantasie
  für kreative Problemlösungen einsetzen können

Kindliche Lösungen annehmen

Vor einigen Wochen erzählte ich einer Bekannten, selbst Mutter von drei Kindern, von meiner Arbeit an diesem Buch. Sie fragte ganz erstaunt: „Ein Buch über Regeln und Grenzen? Gibt es da Bedarf? Bei mir läuft das alles ganz spielerisch!“ – Wunderbar! Das ist das beste, was passieren kann. Es läuft von selbst. Wenn Probleme auftauchen, fällt Ihnen oder Ihrem Kind irgendein Weg ein, sie zu lösen. Sie brauchen keinen Verhaltensplan, keinen Vertrag und kein Tagebuch. Sie tun einfach das, was Sie für richtig halten – und siehe da: es klappt! In den vorhergehenden Kapiteln ging es um konkrete Vorschläge und Verhaltenspläne. Dieses letzte Kapitel ist allen gewidmet, die sich nicht mit Verhaltensplänen begnügen, sondern selbst kreativ und offen für die Anforderung des Augenblicks sein wollen. Es werden Geschichten erzählt, die Ihre Phantasie anregen und Mut zu eigenen Lösungen machen sollen.

Manchmal sind unsere Kinder klüger als wir selbst. Wir können wichtige Erkenntnisse verpassen, wenn wir ihnen nicht richtig zuhören.

Der vierjährige ***Marc*** *zum Beispiel hatte genau durchschaut: „Wenn meine Mama etwas zu mir sagt, brauche ich nicht darauf zu hören. Die macht sowieso nichts. Aber bei meiner Kinderfrau ist das anders. Die meint das in echt.“ Als Marc mir das erzählte, saß seine Mutter daneben und war sehr verblüfft. Aber sie mußte zugeben, daß er Recht hatte.*

Zum selben Thema noch eine eigene Geschichte:

Meine Tochter war 2 Jahre alt, mein Sohn 4. Ich war mit den Kindern einige Tage allein in einer Ferienwohnung am Meer. Abends war immer eine etwas hektische Zeit. Ich mußte kochen, die Kinder waren müde und quengelig. Eines Abends ging es mal wieder hoch her. Der große Bruder ärgerte und piesackte seine kleine Schwester. Immer wieder gab es Geschrei. Ich hatte mit der unzureichenden Küche der Ferienwohnung und mit der Bratpfanne zu kämpfen und konnte nicht richtig handeln, sondern nur schimpfen – was natürlich keinen Erfolg brachte. Da passierte es: Mein Sohn entriß seiner kleinen Schwester das geliebte Schmusekissen und warf es quer durch den Raum. Es landete – genau in der Spülschüssel, die randvoll mit heißem Wasser war. Die Kleine schrie vor Entsetzen, und ich war außer mir. Ich packte meinen Sohn, brüllte ihn an, machte ihm Vorhaltungen, stellte „Warum-Fragen", überschüttete ihn mit Vorwürfen, drohte ihm die sinnlosesten Konsequenzen an. Mein Sohn tat etwas, womit ich überhaupt nicht gerechnet hatte. Er schaute in mein wütendes Gesicht, erhob seine kleine Hand und strich mit seinem Zeigefinger ganz sacht über meine Zornesfalten. Gleichzeitig sagte er ganz ruhig: „Mama.". Schlagartig erschien mir alles in einem ganz anderem Licht. Meine Stirn war glatt – die Wut war weg. Mit meinem unbändigen Ärger über ein unabsichtlich ins Wasser geworfene Kissen kam ich mir lächerlich vor. Mein Sohn hatte mir die Augen geöffnet und die Situation wieder zurechtgerückt.

Den Spieß umdrehen

Stellen Sie sich vor: Ihr Kind nervt Sie schon lange mit einer bestimmten Angewohnheit. Doch all Ihre Bemühungen, etwas daran zu ändern, schlagen fehl. Im Gegenteil: Sie stecken mitten im Kampf um Aufmerksamkeit, und Ihr Kind scheint am längeren Hebel zu sitzen. Immer wieder lassen Sie sich provozieren.

Sie können nun systematisch alle Ratschläge aus dem 5. Kapitel anwenden. Aber Sie können auch etwas ganz anderes tun: Schlagen Sie Ihrem Kind genau das vor, womit es Sie ärgern will! Sobald Sie das tun, haben Sie die Kontrolle, und Ihr Kind merkt: Das mit dem Provozieren klappt nicht mehr! Ihr Kind sitzt in der Falle: Entweder es „hört", oder es benimmt sich gut. Auf einmal bestimmen Sie die Spielregeln, und nicht Ihr Kind!

Einige Beispiele:

- Ärgern Sie sich täglich über die Eßmanieren Ihres Kindes? Haben Sie schon hundertmal ohne Erfolg bessere Manieren „gepredigt"? Zeigt Ihr gutes Vorbild einfach keine Wirkung? Dann drehen Sie doch einmal oder mehrmals in der Woche den Spieß um, und schlagen Sie vor: „Heute mittag machen wir Wettschlürfen. Wer am lautesten mit der Suppe schlürft, hat gewonnen."
- Sind Sie entsetzt, weil Ihr Kind Sie und andere mit den erstaunlichsten Schimpfwörtern traktiert? Sie können zu ihm sagen: „Ich bin wirklich beeindruckt, was du alles für Schimpfwörter kennst. Ich würde gern wissen, ob ich da noch mithalten kann. Laß uns ein Spiel daraus machen. Wir schreiben um die Wette: Wem fallen die meisten Schimpfwörter mit „A" ein? Achtung, fertig, los..."
- Ist Ihr Kind ein „Zappelphilipp" – fällt es ihm sehr schwer, still zu sitzen? Dann machen Sie mit ihm das Zappel-Spiel. Sie sagen: „Jetzt wollen wir mal sehen, ob du ganze 5 Minuten lang ohne Unterbrechung zappeln kannst. Aber irgendetwas an dir muß wirklich immer in Bewegung sein! Ich schaue auf die Uhr!"

- Werden Sie manchmal von Ihrem Kind getreten oder gehauen? Sie fassen es einfach nicht als aggressives Verhalten, sondern als Aufforderung zum Spiel auf. Sie sagen: „Du möchtest mit mir das Trete-Haue-Spiel spielen? Na gut. Du hast angefangen, jetzt bin ich dran. – So, jetzt bist du wieder dran."

Diese auf den ersten Blick etwas merkwürdigen Vorschläge haben etwas gemeinsam:

- Sie überraschen Ihr Kind. Es merkt: „Die alten Spielregeln funktionieren auf einmal nicht mehr."
- Sie würdigen das auffällige Verhalten Ihres Kindes plötzlich spielerisch als Leistung. Vielleicht wetteifern Sie sogar mit ihm. Damit erscheint das Verhalten Ihrem Kind in ganz neuem Licht. Jedenfalls ist es nicht mehr geeignet als Mittel, im Machtkampf mit Ihnen Punkte zu sammeln.

Ganz besonders wichtig bei diesem Vorgehen ist das Spielerische. Heben Sie es sich auf für Momente, in denen Sie selbst „gut drauf" sind. Sonst könnte es leicht umschlagen in bittere Ironie oder bösen Sarkasmus. Dann geht der Schuß nach hinten los!

Einen neuen Schauplatz eröffnen

Wenn mehrere Kinder im Spiel sind, kommt es immer wieder zu körperlichen Auseinandersetzungen. Oft sind die Rollen klar verteilt: Es gibt einen „Täter" und ein „Opfer". Statt den „Täter" zu ermahnen und mit ihm zu diskutieren, tun Sie folgendes: Sie trennen die Kinder, lassen den „Täter" aber vollkommen links liegen. Sie schauen ihn (oder sie) nicht an und reden nicht mit ihm. Dafür wenden Sie Ihre ganze Aufmerksamkeit dem „Opfer" zu: Sie trösten, streicheln, pusten, nehmen es auf den Arm, bieten ein Spiel an. Erst wenn das „Opfer" sich völlig beruhigt hat, nehmen Sie das andere Kind wieder zur Kenntnis. Dadurch wird die „Täter"-Rolle auf die Dauer ziemlich unattraktiv.

Ähnliches ist denkbar in einer Kindergruppe, z.B. im Kindergarten. Oft landet gerade das „störende" Kind (es schlägt die anderen, bleibt nicht sitzen, schreit laut...) bei der Erzieherin auf dem Schoß oder darf Spiele oder Bilderbücher aussuchen, damit es „Ruhe gibt". Wie wäre es mit dem umgekehrten Weg? Sobald sich ein Kind in der Gruppe besonders auffällig verhält, bekommen die anderen etwas besonders Interessantes angeboten: ein neues Bilderbuch, ein Rollenspiel, eine tolle Bastelarbeit, etwas Leckeres zu essen. Sobald das Kind mit seinem auffälligen Verhalten aufhört, kann es natürlich mitmachen. Dieses Vorgehen ist auch anwendbar, wenn es Konflikte unter Geschwistern gibt.

Geschichten erzählen

Eine Großmutter zeigte mir vor einigen Wochen einen Ordner mit Geschichten, die sie für ihre drei Enkeltöchter geschrieben und liebevoll illustriert hatte. Es waren ganz besondere Geschichten. Es kamen Feen, Tiere und Prinzessinnen darin vor. In jeder Geschichte wurde ein Problem oder eine schwierige Aufgabe bewältigt – und wer war der Held? In jeder Geschichte konnte sich eine der drei Enkelinnen wiedererkennen! Alle Geschichten gingen gut aus. Am Ende wurde immer eine Lösung angeboten. Es war eine wunderbare Idee dieser engagierten Großmutter, solche Geschichten für ihre Enkelinnen zu schreiben. Ein persönlicheres Geschenk hätte sie ihnen wohl kaum machen können. Sie war ganz professionell vorgegangen. Auch Psychologen setzen Geschichten ein, um Kindern bei der Bewältigung ihrer Probleme zu helfen. In dem sehr empfehlenswerten Buch *Anna zähmt die Monster* von Doris Brett(9) finden Sie zahlreiche solcher Geschichten – und eine Anleitung, wie Sie selbst welche erfinden können. Solche Geschichten können Ihrem Kind helfen, sich ein Problem einzugestehen und auf indirekte Weise eine Lösung von Ihnen anzunehmen. Auch ganz kleine alltägliche Probleme können auf diese Art und Weise zur Sprache gebracht werden. Ein Beispiel: Der vierjährige Lars brauchte zum Einschlafen noch einen Schnuller. Seine Mutter erzählte ihm folgende Geschichte:

„Es war einmal ein kleiner Löwenjunge, der hieß Leo. Er war sehr lieb und lustig und tollte am liebsten den ganzen Tag draußen herum. Er wohnte mit seinen Eltern und seiner kleinen Schwester, einem ganz süßen Löwenbaby, in einer besonders gemütlichen Höhle. Abends vor dem Schlafengehen erzählte ihm die Löwenmama noch eine Geschichte. Und rate, was Leo da machte? Er steckte tatsächlich, wie jeden Abend, einen riesigen Schnuller in sein Löwenmaul und nuckelte daran. Es sah sehr merkwürdig aus. Leo hatte schon richtig große scharfe Löwenzähne! Und dazwischen steckte der Schnuller! Nach der Geschichte wollte Leo ‚Gute Nacht'

sagen, aber mit dem Schnuller im Mund kam nur ‚Schusche Schacht' heraus. Leo nahm den Riesenschnuller aus dem Mund und schaute ihn an. Er sah nicht sehr schön aus, denn er war schon ganz zerbissen. Dann roch Leo daran. Das gefiel ihm auch nicht besonders. Auf einmal sagte Leo der Löwe zu seiner Mama: ‚Mama, darf ich noch einmal ganz kurz vor die Höhle gehen zum Bach?' Er durfte. Mama ging mit. Was machte Leo? Er nahm den Schnuller in seine starke Löwentatze und schleuderte ihn mit aller Kraft in den Bach. Sie schauten ihm nach, bis er verschwunden war. Leos Mama gab ihm einen dicken Löwenkuß und brachte ihn wieder ins Bett. Sie schenkte ihm ein ganz weiches kleines Kuschelkissen mit bunten Schmetterlingen drauf. Es dauerte ein bißchen, aber nach einer Weile war Leo der Löwe, eingekuschelt in sein neues Kissen, friedlich eingeschlafen."

Es gibt natürlich keine Garantie, daß solche Geschichten wie erwünscht „funktionieren". Aber Kinder lieben Geschichten, in denen sie sich selbst wiedererkennen können. Nicht selten nehmen sie die angebotene Lösung an, manchmal allerdings erst einige Zeit später. Falls Sie sich das Erfinden von solch einfachen kleinen Geschichten nicht selbst zutrauen: Es gibt zu fast allen alltäglichen Themen mittlerweile liebevoll gestaltete Bilder- und Kinderbücher.

Kapitel 6: Das Wichtigste in Kürze:

- **Nehmen Sie kindliche Lösungen an**
  Erstaunlich zutreffende Erkenntnisse und brauchbare Lösungsvorschläge Ihres Kindes sind es wert, gewürdigt und angenommen zu werden.

- **Drehen Sie den Spieß um**
  Das auffällige, unerwünschte Verhalten Ihres Kindes erscheint in ganz neuem Licht, wenn Sie es spielerisch aufgreifen und selbst vorschlagen, vielleicht sogar mit Ihrem Kind darin wetteifern. Nicht Ihr Kind, sondern Sie haben dann die Kontrolle. Das beabsichtigte Provozieren klappt nicht mehr.

- **Eröffnen Sie einen neuen Schauplatz**
  Sobald Ihr Kind provoziert, verwickeln Sie die anderen anwesenden Kinder in eine besonders interessante Aktivität. Bei körperlichen Auseinandersetzungen unter Kindern wenden Sie sich intensiv dem „Opfer“ zu.

- **Erzählen Sie eine Geschichte**
  Kinder lieben Geschichten, in denen sie sich selbst wiedererkennen können. Erzählen Sie eine Geschichte, in der die Probleme Ihres Kindes vorkommen, und lassen Sie den Helden der Geschichte eine Lösung finden.

Schlußwort

Eines bitte ich Sie immer zu bedenken: Sie kennen Ihr Kind am allerbesten. Sie können es annehmen und lieben wie es ist – mit all seinen Stärken, Schwächen und Eigenarten. Das macht Sie selbst zum besten und fähigsten Experten im Umgang mit Ihrem Kind – trotz aller Fehler und Mißerfolge. In jedem von Ihnen steckt die Fähigkeit, eigene Lösungen zu finden, die genau für Ihr Kind und für genau diesen Zeitpunkt gut sind. Jedem von Ihnen gelingt es oft, spielerisch und ohne nachzudenken das Richtige zu tun. Haben Sie sich schon einmal über Ihre Stärken als Mutter oder Vater Gedanken gemacht? Auf welche Ihrer Verhaltensweisen und Fähigkeiten sind Sie stolz? Was möchten Sie auf gar keinen Fall anders machen? Nur, wenn Sie auch bei sich selbst auf das Gute achten, können Sie Ihr Kind positiv lenken!

Annette Kast-Zahn
Ratingen, Februar 1997

Literaturnachweise

1) Eyre, R. & L.,
Teaching your children values,
New York: Simon & Schuster 1993.

2) Dreikurs, R. & V. Soltz,
Kinder fordern uns heraus,
Stuttgart: Klett-Cotta 1966.

3) Kast-Zahn, A. & H. Morgenroth,
Jedes Kind kann schlafen lernen,
Ratingen: Oberstebrink & Partner 1995.

4) Olbing, H. & J. P. Norgaard,
„Isolierte primäre Schlafenuresis“,
in: *der kinderarzt*, 24. Jg. Nr. 3, S. 301-310, 1993.

5) Jørgensen, M. & P. Schreiner,
Kampfbeziehungen,
Hamburg: Rowohlt Taschenbuch 1989.

6) Gordon, T.,
Familienkonferenz,
München: Wilhelm Heyne1972.

7) Canter, L. & M.,
Assertive discipline for parents,
New York: Harper & Row 1985.

8) Howard, B.J.,
„Advising parents on discipline: What works“,
in: *Pediatrics*, Vol. 98, 4, Supplement, p. 809-817, 1996.

9) Brett, D.,
Anna zähmt die Monster,
Salzhausen: iskopress 1993.